U0459357

2017 年全国会计从业资格考试辅导教材

财经法规与会计职业道德

全国会计从业资格考试辅导教材编写组　编

中国财经出版传媒集团

经济科学出版社
Economic Science Press

图书在版编目（CIP）数据

财经法规与会计职业道德／全国会计从业资格考试辅导教材编写组编.—北京：经济科学出版社，2016.7

2017年全国会计从业资格考试辅导教材

ISBN 978 - 7 - 5141 - 7156 - 3

Ⅰ.①财… Ⅱ.①全… Ⅲ.①财政法 - 中国 - 资格考试 - 教材②经济法 - 中国 - 资格考试 - 教材③会计人员 - 职业道德 - 资格考试 - 教材 Ⅳ.①D922.2 ②F233

中国版本图书馆 CIP 数据核字（2016）第 186905 号

责任编辑：黄双蓉
责任校对：刘　昕
版式设计：齐　杰
责任印制：邱　天

财经法规与会计职业道德

全国会计从业资格考试辅导教材编写组　编

经济科学出版社出版、发行　新华书店经销

社址：北京市海淀区阜成路甲 28 号　邮编：100142

总编部电话：010 - 88191217　发行部电话：010 - 88191522

网址：www. esp. com. cn

电子邮件：esp@ esp. com. cn

天猫网店：经济科学出版社旗舰店

网址：http://jjkxcbs. tmall. com

北京万友印刷有限公司印装

880 × 1230　32 开　8.625 印张　220000 字

2016 年 9 月第 1 版　2016 年 9 月第 1 次印刷

ISBN 978 - 7 - 5141 - 7156 - 3　定价：30.00 元

（图书出现印装问题，本社负责调换。电话：010 - 88191502）

（版权所有　侵权必究　举报电话：010 - 88191586

电子邮箱：dbts@ esp. com. cn）

全国会计从业资格考试
增值服务使用说明

　　当您购买由经济科学出版社出版发行的正版"2017年全国会计从业资格考试辅导教材",即《会计基础》、《财经法规与会计职业道德》和《会计电算化》后,请按照教材封面防伪标贴上的网址(http：//pass. zcmedia. cn)打开中国财经出版传媒集团考试学习平台,进行注册、登录,并用防伪码和激活码激活增值服务,激活成功后即可享受相应科目的正版教材所提供的在线"章节练习"、"模拟考试"以及全国会计从业资格考试名师辅导视频使用权限。使用期为一年(自激活成功当日起),使用频率不受限制。

　　下面将带您了解如何进入验证激活流程：

　　第一步：使用浏览器(IE8及以上版本,推荐chrome)访问中国财经出版传媒集团考试学习平台(http：//pass. zcmedia. cn),点击页面右上角的"注册"按钮,进行用户注册(已注册过的用户无需再次注册)。

　　第二步：注册完成后,请点击"登录"按钮登录到网站,刮开教材封面防伪标贴上的防伪码和激活码,在网站首页"会计从业考试教材增值服务专区"选择相应的科目,在弹出的学习资源激活页面填写教材封面防伪标签上的防伪码(由16位数字组成)和激活码(由15位数字和字母组成)提交验证。

　　第三步：验证通过后,您的教学资源即被激活,每次登录后即可点击首页下方"会计从业考试教材增值服务专区"中的相关科目进行题目练习或听课，享受购买正版图书赠送的网上超值学习体验。

更多的问题可以点击网站中的"常见问题"寻求帮助，也可以通过针对读者建立的微信公众号——"中财智会"获得老师的答疑服务。

前　　言

根据《中华人民共和国会计法》，"从事会计工作的人员，必须取得会计从业资格证书"。据此，《会计从业资格管理办法》（财政部令第 73 号）规定，"国家实行会计从业资格考试制度"、"会计从业资格考试大纲、考试合格标准由财政部统一制定和公布"、"会计从业资格考试科目实行无纸化考试，无纸化考试题库由财政部统一组织建设"。为促进会计从业资格考试的知识结构科学合理，充分发挥会计从业资格考试在会计市场准入中的积极作用，财政部于 2016 年 8 月全面修订了会计从业资格考试大纲，对 2014 年 4 月印发的考试大纲的有关内容作了较大调整，自 2017 年 1 月 1 日起施行。新修订的考试大纲是组织建设全国会计从业资格无纸化考试题库的唯一依据。

为适应这一新变化新要求，更好地满足广大考生和各地会计管理机构的需求，帮助广大考生准确理解和掌握考试大纲有关内容，我们组织了长期从事会计从业资格考试研究、培训教学并具有丰富教学实践经验的部分专家，编写了"全国会计从业资格考试辅导教材"。本套辅导教材共分四册，分别为《财经法规与会计职业道德》、《会计基础》、《会计电算化》和《珠算》。在教材编写过程中，我们突出了以下特点：一是紧扣考试大纲，内容权威，辅导教材的内容与考试大纲规定完全一致，难易程度适中，便于考生学习应考；二是关注会计实务，强调从事会计工作所需的基本知识和基本技能，重视会计基础知识的介绍和业务处理能力的培养；三是表述简明扼要，深入浅出，通俗易懂。

为帮助广大考生更好地学习、理解和巩固辅导教材内容，我们采用了书、网结合的学习模式，凡购买正版图书的考生，均可登录"http：//pass. zcmedia. cn"进行注册，通过刮开图书封面上防伪标贴（"刮刮卡"）进行图书真伪验证，并免费获得每个章节配套的练习题、在线考试模拟试题和视频课件，以更好地帮助考生达到以练助考的效果。

本套辅导教材是参加会计从业资格考试人员复习应考和会计实务工作者的重要学习参考用书。广大考生、会计工作者和各地会计管理机构可根据实际情况，自愿选订本套辅导教材作为考试辅导用书。

全国会计从业资格考试辅导教材编写组
2016 年 9 月

目　　录

第一章 会计法律制度

第一节 会计法律制度的概念与构成

一、会计法律制度的概念

会计法律制度是指国家权力机关和行政机关制定的，用以调整会计关系的各种法律、法规、规章和规范性文件的总称。

任何一个经济组织的活动都不是独立存在的。作为经济管理工作的会计，首先表现为单位内部的一项经济管理活动，即对本单位的经济活动进行核算和监督。在处理经济业务事项中，必然会涉及、影响有关方面的经济利益。例如供销关系、债权债务关系、分配关系、税款征纳关系、管理与被管理关系等。而会计关系就是指会计机构和会计人员在办理会计事务过程中以及国家在管理会计工作过程中发生的各种经济关系。为了规范会计行为和调整会计关系，保证会计工作有序进行，国家需要制定实施一系列的会计法律制度。

二、会计法律制度的构成

我国已经形成了以《中华人民共和国会计法》为主体，由会计法律、会计行政法规、会计部门规章和地方性会计法规有机构成的会计法律制度体系。

（一）会计法律

会计法律是指由全国人民代表大会及其常务委员会经过一定立法程序制定的有关会计工作的法律，属于会计法律制度中层次最高的法律规范，是制定其他会计法规的依据，也是指导会计工作的最高准则。如第九届全国人民代表大会常务委员会第十二次会议修订通过的《中华人民共和国会计法》（以下简称《会计法》）、第八届全国人民代表大会常务委员会第四次会议通过的《中华人民共和国中国注册会计师法》（以下简称《注册会计师法》）。

《会计法》于 1985 年颁布，1993 年、1999 年全国人大常委会两次对《会计法》进行了修订。现行的《会计法》是 1999 年修订于 2000 年 7 月 1 日开始实施的。其立法宗旨为规范会计行为，保证会计资料真实、完整，加强经济管理和财务管理、提高经济效益，维护社会主义市场经济秩序。

《注册会计师法》是规范注册会计师及其行业行为规范的最高准则。该法于 1993 年 10 月 31 日第八届全国人民代表大会常务委员会第四次会议通过，1993 年 10 月 31 日中华人民共和国主席令第十三号公布，1994 年 1 月 1 日起施行。该法主要规定了注册会计师的考试与注册、承办的业务范围和规则、会计师事务所以及会计师协会的相关问题，并对注册会计师有关的法律责任作出了明确的规定。

（二）会计行政法规

会计行政法规是指由国务院制定并发布，或者国务院有关部门拟定并经国务院批准发布，调整经济生活中某些方面会计关系的法律规范。如国务院发布的《企业财务会计报告条例》、《中华人民共和国总会计师条例》等。

《企业财务会计报告条例》是国务院 2000 年 6 月 21 日颁布并于 2001 年 1 月 1 日起施行，是对《会计法》中有关财务会计报告的规定的细化。它主要规定了企业财务会计报告的构成、编制、对外提供、法律责任等内容。

《中华人民共和国总会计师条例》是国务院 1990 年 12 月 31 日发布的，是对《会计法》中有关规定的细化和补充，对总会计师的设置、任职条件、职责权限等进行了明确的规定。

（三）会计部门规章

会计部门规章是指国家主管会计工作的行政部门即财政部以及其他相关部委根据法律和国务院的行政法规、决定、命令，在本部门的权限范围内制定的、调整会计工作中某些方面内容的国家统一的会计准则制度和规范性文件，包括国家统一的会计核算制度、会计监督制度、会计机构和会计人员管理制度及会计工作管理制度等。如财政部发布的《会计从业资格管理办法》、《企业会计准则——基本准则》、《财政部门实施会计监督办法》等。

国务院其他部门根据其职责权限制定的会计方面的规范性文件也属于会计规章，但必须报财政部审核或者备案。会计部门规章不得与宪法、法律和行政法规相违背，其效力低于宪法、法律和行政法规。

（四）地方性会计法规

地方性会计法规是指由省、自治区、直辖市人民代表大会或常务委员会在同宪法、会计法律、行政法规和国家统一的会计准则制度不相抵触的前提下，根据本地区情况制定发布的关于会计核算、会计监督、会计机构和会计人员以及会计工作管理的规范性文件。如《云南省会计条例》于 1997 年 1 月 14 日制定通过，并于 2004 年 7 月 30 日进行了修订。

此外，实行计划单列市、经济特区的人民代表大会及其常务委员会，在宪法、法律和行政法规允许范围内也可制定会计规范性文件。

第二节　会计工作管理体制

会计工作管理体制是指国家管理会计工作的组织形式与基本制度，是贯彻落实国家会计法律、法规、规章、制度和方针、政策的组织保障和制度保障。会计工作管理体制主要包括会计工作的行政管理、会计工作的行业管理和单位内部的会计工作管理等。

一、会计工作的行政管理

（一）会计工作行政管理体制

我国会计工作管理体制实行统一领导、分级管理的原则。《会计法》第七条规定，国务院财政部门主管全国的会计工作，县级以上地方各级人民政府财政部门管理本行政区域内的会计工作。

财政、审计、税务、人民银行、证券监管、保险监管等部门应当依照有关法律、行政法规规定的职责，对有关单位的会计资料实施监督检查。这一规定体现了财政部门与其他政府管理部门在管理会计事务中相互协作的关系。

（二）会计工作行政管理的内容

1. 制定国家统一的会计准则制度

国家统一的会计准则制度由国务院财政部门制定并公布。国务院有关部门可以依照《会计法》和国家统一的会计准则制度制定对会计核算和会计监督有特殊要求的行业实施国家统一会计制度的具体办法或者补充规定，报国务院财政部门审核批准。中国人民解放军总后勤部可以依照《会计法》和国家统一的会计准则制度制定军队实施国家统一的会计准则制度的具体办法，报国务院财政部门备案。

国家实行统一的会计制度。国家统一的会计准则制度是指在全国范围内实施的会计工作管理方面的规范性文件，主要包括四个方面：（1）国家统一的会计核算制度；（2）国家统一的会计监督制度；（3）国家统一的会计机构和会计人员管理制度；（4）国家统一的会计工作管理制度。

各地区、各部门可以在国务院财政部门制定的国家统一会计制度的基础上，制定符合《会计法》要求且与其具体情况相适应的会计制度或者补充规定，报国务院财政部门审核批准或者备案后实施。

2. 会计市场管理

财政部门是会计工作和注册会计师行业的主管部门，履行相应的会计市场管理职责。财政部门对违反会计法律、行政法规规定、扰乱会计秩序的行为，有权管理和规范。

会计市场的管理包括会计市场的准入管理、过程监管和退出管理三个方面。对会计出版市场、培训市场、境外"洋资格"的管理等也属于会计市场管理的范畴。

会计市场准入包括会计从业资格、会计师事务所的设立、代理记账机构的设立等。获准进入会计市场后，这些机构和人员还应当持续符合相关的资格条件，并主动接受财政部门的监督检查。当资格不再符合时，原审批机关应当撤回行政许可。

会计市场的过程监管是指财政部门对获准进入会计市场的机构和人员是否遵守各项法律法规执行业务所进行的监督和检查。

会计市场的退出管理是指财政部门对在职业过程中有违反《会计法》、《注册会计师法》行为的机构和个人进行处罚，情节严重的，吊销其职业资格，强制其退出会计市场。

3. 会计专业人才评价

会计专业人才是我国经济建设中不可或缺的重要力量，也是我国人才队伍中重要组成部分。目前我国已经基本形成阶梯式的会计专业人才评价机制，包括初级、中级、高级会计人才评价机制以及会计行业领军人才培养评价体系等。对先进会计工作者的表彰奖励也属于会计人才评价的范畴。

4. 会计监督检查

财政部门实施的会计监督检查主要是会计信息质量检查和会计师事务所执业质量检查。财政部门对会计市场的监督还包括依法加强对会计行业自律组织的监督和指导。

财政部组织实施全国会计信息质量的检查工作，并依法对违法行为实施行政处罚；县级以上财政部门组织实施本行政区域内的会计信息质量检查工作，并依法对本行政区域单位或人员的违法行为实施行政处罚。

财政部组织实施全国会计师事务所的执业质量检查工作，并依法对违反《注册会计师法》的行为实施行政处罚。省、自治区、直辖市人民政府财政部门组织实施本行政区域内的会计师事务所执业质量检查工作，并依法对本行政区域内会计师事务所或注册会计师违反《注册会计师法》的行为实施行政处罚。

二、会计工作的行业自律管理

（一）中国注册会计师协会

中国注册会计师协会是依据《注册会计师法》和《社会团体登记条例》的有关规定，在财政部和理事会领导下开展行业管理和服务的法定组织。

（二）中国会计学会

中国会计学会创建于 1980 年，是财政部所属由全国会计领域各类专业组织，以及会计理论界、实务界会计工作者自愿结成的学术性、专业性、非营利性社会组织。

（三）中国总会计师协会

中国总会计师协会是经财政部审核同意、民政部正式批准，依法注册登记成立的跨地区、跨部门、跨行业、跨所有制的非营利性国家一级社团组织，是总会计师行业的全国性自律组织。

三、单位内部的会计工作管理

（一）单位负责人的职责

单位负责人是指单位法定代表人或者法律、行政法规规定代表单位行使职权的主要负责人。单位负责人主要有两类：一是单位的法定代表人，指依法代表法人单位行使职权的负责人，如国有工业企业的厂长（经理）、公司制企业的董事长、国有机关的最高行政官员等；二是按照法律、行政法规的规定代表单位行使职权的负责人，具体指代表非法人单位行使职权的负责人，如代表合伙企业执行合伙企业事务的合伙人、个人独资企业投资人等。

单位负责人对本单位的会计工作和会计资料的真实性、完整性负责，保证会计机构、会计人员依法履行职责，不得授意、指使、强令会计机构和会计人员违法办理会计事项。

（二）会计机构的设置

各单位应当根据会计业务的需要，设置会计机构，或者在有关机构中设置会计人员并指定会计主管人员；不具备设置条件的，应当委托经批准设立从事会计代理记账业务的中介机构代理记账。

一个单位是否需要设置会计机构一般取决于以下几个因素。

1. 单位规模的大小

从有效发挥会计职能作用的角度来看，实行企业化管理的事业单位，大、中型企业应当设置会计机构；业务较多的行政单位、社会团体和其他组织也应设置会计机构。而对那些规模较小的企业、业务和人员都不多的行政单位等，可以不单独设置会计机构，将会计业务并入其他职能部门，或者委托代理记账。

2. 经济业务和财政收支的简繁

大、中型单位的经济业务复杂多样，在会计机构和会计人员的设置上应考虑全面、合理、有效的原则，但是也不能忽视单位经济业务的性质和财务收支的简繁问题。有些单位的规模相对较小，但其经济业务复杂多样，财务收支频繁，也要设置相应的会计机构和人员。

3. 经营管理的要求

经营管理上对会计机构和会计人员的设置要求是最基本的，如果没有经营管理上对会计机构和会计人员的要求，也就不存在单位对会计的要求。单位设置会计机构和人员的目的就是为了适应单位在经营管理上的需要。

（三）会计人员的选拔任用

从事会计工作的人员必须取得会计从业资格证书，担任会计职务应当通过相应级别的会计专业技术资格考试或考评。如担任单位会计机构负责人（会计主管人员）的，除取得会计从业资格证书外，还应当具备会计师以上专业技术职务资格或者从事会计工作 3 年以上经历；担任总会计师应当在取得会计师任职资格后主管一个单位或者单位内一个重要方面的财务会计工作不少于 3 年。

会计机构负责人（会计主管人员）是指在一个单位内部具体负责会计工作的中层领导人员。设置会计机构的，应该配备会计机构负责人；在有关机构中配备专职会计人员的，应该在专职会计人员中指定会计主管人员。总会计师是单位行政领导成员，协助单位主要行政领导人工作，直接对单位主要行政领导人负责。国有和国有资产占控股地位或主导地位的大、中型企业必须设置总会计师。事业单位和业务主管部门根据需要，经批准也可以设置总会计师。凡是设置总会计师的单位，不应当再设置与总会计师职权重叠的行政副职。总会计师由本单位主要行政领导人提名，政府主管部门任命或者聘任；免职或者解聘程序与任命或者聘任程序相同。

取得相关资格或者符合有关条件的会计人员能否具体从事相

关工作，由所在单位自行决定。单位要加强对本单位会计人员的管理，依法合理设置会计岗位，督促会计人员按照国家统一会计制度的规定进行会计核算和监督。

（四）会计人员回避制度

国家机关、国有企业、事业单位聘任会计人员应当实行回避制度。单位负责人的直系亲属不得担任本单位的会计机构负责人、会计主管人员。会计机构负责人、会计主管人员的直系亲属不得在本单位会计机构中担任出纳工作。

存在夫妻关系、直系血亲关系、三代以内旁系血亲以及近姻亲关系等亲属关系时需要回避。

直系血亲关系还包括本来没有自然的或者直接的血缘关系，但法律上确定其地位与血亲相等，如养父母和养子女之间的关系。三代以内旁系血亲关系包括自己兄弟姐妹及其子女与父母的兄弟姐妹及其子女；近姻亲关系则指配偶的父母、兄弟姐妹，儿女的配偶及儿女配偶的父母。

第三节 会 计 核 算

会计核算是会计最基本的职能。我国会计法律制度从会计信息质量要求、会计资料的基本要求以及会计年度、记账本位币、填制会计凭证、登记会计账簿、编制财务会计报告、财产清查、会计档案管理等方面对会计核算进行统一规定。

一、总体要求

（一）会计核算的依据

各单位必须根据实际发生的经济业务事项进行会计核算，填制会计凭证，登记会计账簿，编制财务会计报告。任何单位不得以虚假的经济业务事项或者资料进行会计核算。

实际发生的经济业务事项，是指各单位在生产经营或者预算执行过程中发生的包括引起资金增减变化的经济活动。并非所有实际发生的经济业务事项都需要进行会计记录和会计核算。如签订合同或协议的经济业务事项，在签订合同或协议时，往往无须进行会计核算，只有当实际履行合同或协议引起资金变动时，才需要对履行合同或协议这一经济事项进行如实记录和反映。以实际发生的经济业务事项为依据进行会计核算，是会计核算客观性原则的要求，是保证会计信息真实可靠的重要前提。

以虚假的经济业务事项或资料进行会计核算，是一种严重的违法行为。对此，《会计法》作出了禁止性规定，任何单位不得以虚假的经济业务事项或者资料进行会计核算，一旦违反，即是严重的违法行为，将受到法律的严厉制裁。因为以不真实甚至虚假的经济事项作为会计核算的基础，据此提供的会计资料不仅没有可信度，相反会误导使用者，侵害会计信息使用者的利益，扰乱社会经济秩序，造成极其严重的后果。

（二）对会计资料的基本要求

1. 会计资料的生成和提供必须符合国家统一的会计准则制度的规定

会计资料是指在会计核算过程中形成的，记录和反映实际发生的经济业务事项的会计专业资料，主要包括会计凭证、会计账簿、财务会计报告和其他会计资料。

会计资料作为记录会计核算过程和结果的重要载体，是国家进行宏观调控，经营者进行管理和投资者进行决策的重要依据。会计资料所记录和提供的信息也是重要的社会资源。会计资料必须符合国家统一的会计准则制度的规定。

使用电子计算机进行会计核算的，其软件及其生成的会计凭证、会计账簿、财务会计报告和其他会计资料，也必须符合国家统一的会计准则制度的规定。

2. 提供虚假的会计资料是违法行为

会计资料的真实性和完整性，是对会计资料最基本的质量要求，是会计工作的生命线，各单位必须严格按照《会计法》的要求执行，保证所提供的会计资料真实性和完整性。任何单位和个人不得伪造、变造会计凭证、会计账簿和其他会计资料，不得提供虚假的财务会计报告。

会计资料的真实性主要是指会计资料所反映的内容和结果，应当与本单位实际发生的经济业务内容及其结果相一致。

会计资料的完整性主要是指构成会计资料的各项要素都必须齐全，使得会计核算能如实全面地记录和反映经济业务的发生情况，便于会计报表的使用者全面、准确地了解一个单位经济活动情况。

与会计资料的真实性和完整性相对应的是会计资料的不真实和不完整，其原因是多方面的，但伪造、变造会计资料是重要手段之一。

所谓伪造会计资料，是指以虚假经济业务或者资金往来为前提，编制虚假的会计凭证、会计账簿和其他会计资料的行为。主要表现有伪造根本不存在的经济事项的原始凭证；或者以存在的会计经济事项为基础，用夸大、缩小或隐匿事实的手法进行伪造原始凭证，如制作假发货票、假收据、假工资表等假的原始凭证；或者由于会计人员审核不严或玩忽职守、丧失原则，以伪造的原始凭证为基础，填制记账凭证，如根据假发票凭空编制记账凭证的行为等。

所谓的变造会计凭证、会计账簿和其他会计资料，是指用涂改、挖补等手段来改变会计凭证、会计账簿和其他会计资料。主要表现为涂改原始凭证中的日期、数量、单价、金额等内容；或者利用计算机、复印机等先进工具，对原始凭证进行二次处理；或者由于会计人员审核不严或玩忽职守、丧失原则，以变造的原始凭证为基础，填制记账凭证，如根据涂改后的发票编制记账凭证的行为等。

而提供虚假财务报告是指通过变造虚假的会计凭证、会计账簿和其他会计资料或者直接篡改财务会计报告上的数据，使财务会计报告不真实、不完整地反映真实财务状况和经营成果，借以误导和欺骗会计资料使用者的行为。

二、会计凭证

会计凭证是指记录经济业务发生或者完成情况的书面证明，是登记账簿的依据。每个企业都必须按一定的程序填制和审核会计凭证，根据审核无误的会计凭证进行账簿登记，如实反映企业的经济业务。《会计法》对会计凭证的种类、取得、审核、更正等内容进行了规定。

三、会计账簿

会计账簿是指由一定格式的账页组成的，以经过审核的会计凭证为依据，全面、系统、连续地记录各项经济业务的簿籍。会计账簿是会计资料的重要组成部分，也是会计信息的主要载体之一。

依法设置会计账簿，是单位进行会计核算的最基本要求之一。各单位发生的各项经济业务事项应当在依法设置的会计账簿上统一登记、核算，不得违反《会计法》和国家统一的会计准则制度的规定私设会计账簿登记、核算。

四、财务会计报告

财务会计报告是对企业财务状况、经营成果和现金流量的结构性表述。财务会计报告至少应当包括下列组成部分：（1）资产负债表；（2）利润表；（3）现金流量表；（4）所有者权益（或股东权益，下同）变动表；（5）附注。财务会计报告上述组成部分具有同等的重要程度。

财务会计报告由单位负责人和主管会计工作的负责人、会计机构负责人（会计主管人员）签名并盖章；设置总会计师的单位，还须由总会计师签名并盖章。单位负责人应当保证财务会计报告真实、完整。

各单位应当按照法律、行政法规和国家统一的会计准则制度有关财务会计报告提供期限的规定，及时对外提供财务会计报告。财务会计报告须经注册会计师审计的，注册会计师及其所在的会计师事务所出具的审计报告应当随同财务会计报告一并提供。

五、会计档案管理

会计档案是指单位在进行会计核算等过程中接收或形成的，记录和反映单位经济业务事项的，具有保存价值的文字、图表等各种形式的会计资料，包括通过计算机等电子设备形成、传输和存储的电子会计档案。

（一）会计档案的内容

（1）会计凭证，包括原始凭证、记账凭证；

（2）会计账簿，包括总账、明细账、日记账、固定资产卡片及其他辅助性账簿；

（3）财务会计报告，包括月度、季度、半年度、年度财务会计报告；

（4）其他会计资料，包括银行存款余额调节表、银行对账单、纳税申报表、会计档案移交清册、会计档案保管清册、会计档案销毁清册、会计档案鉴定意见书及其他具有保存价值的会计资料。

（二）会计档案的管理部门

财政部和国家档案局主管全国会计档案工作，共同制定全国统一的会计档案工作制度，对全国会计档案工作实行监督和指导。

县级以上地方人民政府财政部门和档案行政管理部门管理本行政区域内的会计档案工作，并对本行政区域内会计档案工作实行监督和指导。

（三）会计档案的归档

单位的会计机构或会计人员所属机构（以下统称单位会计管理机构），负责定期将应当归档的会计资料整理立卷，编制会计档案保管清册。

（四）会计档案的移交

1. 单位内部会计档案移交

当年形成的会计档案，在会计年度终了后，可由单位会计管理机构临时保管一年，再移交单位档案管理机构保管。因工作需要确需推迟移交的，应当经单位档案管理机构同意。单位会计管理机构临时保管会计档案最长不超过三年。

出纳人员不得兼管会计档案。

单位会计管理机构在办理会计档案移交时，应当编制会计档案移交清册，并按照国家档案管理的有关规定办理移交手续。

纸质会计档案移交时应当保持原卷的封装。电子会计档案移交时应当将电子会计档案及其元数据一并移交，且文件格式应当符合国家档案管理的有关规定。特殊格式的电子会计档案应当与其读取平台一并移交。

2. 单位之间会计档案移交

单位之间交接会计档案时，交接双方应当办理会计档案交接手续。

移交会计档案的单位，应当编制会计档案移交清册，列明应当移交的会计档案名称、卷号、册数、起止年度、档案编号、应保管期限和已保管期限等内容。

交接会计档案时，交接双方应当按照会计档案移交清册所列内容逐项交接，并由交接双方的单位有关负责人负责监督。交接完毕后，交接双方经办人和监督人应当在会计档案移交清册上签名或盖章。

电子会计档案应当与其元数据一并移交，特殊格式的电子会计档案应当与其读取平台一并移交。

（五）会计档案的查阅、复制和借出

单位应当严格按照相关制度利用会计档案，在进行会计档案查阅、复制、借出时履行登记手续，严禁篡改和损坏。

单位保存的会计档案一般不得对外借出。确因工作需要且根据国家有关规定必须借出的，应当严格按照规定办理相关手续。

单位的会计档案及其复制件需要携带、寄运或者传输至境外的，应当按照国家有关规定执行。

（六）会计档案的保管期限

会计档案的保管期限分为永久、定期两类。定期保管期限一般分为 10 年和 30 年。

会计档案的保管期限，从会计年度终了后的第一天算起。

各类会计档案的具体保管期限见表 1－1、表 1－2：

表 1－1   企业和其他组织会计档案保管期限表

序号	档案名称	保管期限	备　　注
一	会计凭证		
1	原始凭证	30 年	
2	记账凭证	30 年	
二	会计账簿		
3	总账	30 年	
4	明细账	30 年	
5	日记账	30 年	
6	固定资产卡片		固定资产报废清理后保管 5 年
7	其他辅助性账簿	30 年	
三	财务会计报告		
8	月度、季度、半年度财务会计报告	10 年	

续表

序号	档案名称	保管期限	备　注
9	年度财务会计报告	永久	.
四	其他会计资料		
10	银行存款余额调节表	10 年	
11	银行对账单	10 年	
12	纳税申报表	10 年	
13	会计档案移交清册	30 年	
14	会计档案保管清册	永久	
15	会计档案销毁清册	永久	
16	会计档案鉴定意见书	永久	

表1-2　　　　财政总预算、行政单位、事业单位和
税收会计档案保管期限表

序号	档案名称	保管期限			备　注
		财政总预算	行政单位、事业单位	税收会计	
一	会计凭证				
1	国家金库编送的各种报表及缴库退库凭证	10 年		10 年	
2	各收入机关编送的报表	10 年			
3	行政单位和事业单位的各种会计凭证		30 年		包括：原始凭证、记账凭证和传票汇总表
4	财政总预算拨款凭证和其他会计凭证	30 年			包括：拨款凭证和其他会计凭证
二	会计账簿				
5	日记账		30 年	30 年	
6	总账	30 年	30 年	30 年	
7	税收日记账（总账）			30 年	

续表

序号	档案名称	保管期限			备 注
		财政总预算	行政单位、事业单位	税收会计	
8	明细分类、分户账或登记簿	30年	30年	30年	
9	行政单位和事业单位固定资产卡片				固定资产报废清理后保管5年
三	财务会计报告				
10	政府综合财务报告	永久			下级财政、本级部门和单位报送的保管2年
11	部门财务报告		永久		所属单位报送的保管2年
12	财政总决算	永久			下级财政、本级部门和单位报送的保管2年
13	部门决算		永久		所属单位报送的保管2年
14	税收年报（决算）			永久	
15	国家金库年报（决算）	10年			
16	基本建设拨、贷款年报（决算）	10年			
17	行政单位和事业单位会计月、季度报表		10年		所属单位报送的保管2年
18	税收会计报表			10年	所属税务机关报送的保管2年
四	其他会计资料				
19	银行存款余额调节表	10年	10年		
20	银行对账单	10年	10年	10年	
21	会计档案移交清册	30年	30年	30年	
22	会计档案保管清册	永久	永久	永久	
23	会计档案销毁清册	永久	永久	永久	
24	会计档案鉴定意见书	永久	永久	永久	

注：税务机关的税务经费会计档案保管期限，按行政单位会计档案保管期限规定办理。

（七）会计档案的销毁

1. 会计档案的鉴定

单位应当定期对已到保管期限的会计档案进行鉴定，并形成会计档案鉴定意见书。经鉴定，仍需继续保存的会计档案，应当重新划定保管期限；对保管期满，确无保存价值的会计档案，可以销毁。

会计档案鉴定工作应当由单位档案管理机构牵头，组织单位会计、审计、纪检监察等机构或人员共同进行。

2. 会计档案的销毁程序

经鉴定可以销毁的会计档案，应当按照以下程序销毁：

（1）单位档案管理机构编制会计档案销毁清册，列明拟销毁会计档案的名称、卷号、册数、起止年度、档案编号、应保管期限、已保管期限和销毁时间等内容。

（2）单位负责人、档案管理机构负责人、会计管理机构负责人、档案管理机构经办人、会计管理机构经办人在会计档案销毁清册上签署意见。

（3）单位档案管理机构负责组织会计档案销毁工作，并与会计管理机构共同派员监销。监销人在会计档案销毁前，应当按照会计档案销毁清册所列内容进行清点核对；在会计档案销毁后，应当在会计档案销毁清册上签名或盖章。

电子会计档案的销毁还应当符合国家有关电子档案的规定，并由单位档案管理机构、会计管理机构和信息系统管理机构共同派员监销。

3. 不得销毁的会计档案

保管期满但未结清的债权债务会计凭证和涉及其他未了事项的会计凭证不得销毁，纸质会计档案应当单独抽出立卷，电子会计档案单独转存，保管到未了事项完结时为止。

单独抽出立卷或转存的会计档案，应当在会计档案鉴定意见书、会计档案销毁清册和会计档案保管清册中列明。

第四节　会 计 监 督

会计监督是指单位内部的会计机构和会计人员、依法享有经济监督检查职权的政府有关部门、依法批准成立的社会审计中介组织，对国家机关、社会团体、企业事业单位经济活动的合法性、合理性和会计资料的真实性、完整性以及本单位内部预算执行情况所进行的监督。

一、单位内部会计监督

（一）单位内部会计监督的概念

单位内部会计监督是指会计机构、会计人员依照法律的规定，通过会计手段对经济活动的合法性、合理性和有效性进行的一种监督。

会计机构、会计人员依法开展会计核算和会计监督，对违反《会计法》和国家统一的会计准则制度规定的会计事项，有权拒绝办理或者按照职权予以纠正。

会计机构、会计人员发现会计账簿与实物、款项及有关资料不相符的，按照国家统一的会计准则制度的规定有权自行处理的，应当及时处理；无权自行处理的，应当立即向单位负责人报告，请求查明原因，作出处理。

会计机构、会计人员应当忠于职守，认真履行监督职责，不得放弃原则，不得失职、渎职，更不能与违法者同流合污。一切妨碍、阻挠会计机构、会计人员进行会计监督的行为都是违法行为。任何人都应支持会计机构、会计人员依法行使会计监督权。

（二）单位内部会计监督制度的要求

各单位应当建立健全本单位内部会计监督制度。单位内部会计监督制度应当符合下列要求：

（1）记账人员与经济业务事项和会计事项的审批人员、经办人员、财物保管人员的职责权限应当明确，并相互分离、相互制约；

（2）重大对外投资、资产处置、资金调度和其他重要经济业务事项的决策和执行的相互监督、相互制约程序应当明确；

（3）财产清查的范围、期限和组织程序应当明确；

（4）对会计资料定期进行内部审计的办法和程序应当明确。

（三）内部控制

1. 内部控制的概念与目标

对企业而言，内部控制是指由企业董事会、监事会、经理层和全体员工实施的、旨在实现控制目标的过程。对行政事业单位而言，内部控制是指单位为实现控制目标，通过制定制度、实施措施和执行程序，对经济活动的风险进行防范和管控。

企业内部控制的目标主要包括：合理保证企业经营管理合法合规、资产安全、财务报告及相关信息真实完整，提高经营效率和效果，促进企业实现发展战略。行政事业单位内部控制的目标主要包括：合理保证单位经济活动合法合规、资产安全和使用有效、财务信息真实完整，有效防范舞弊和预防腐败，提高公共服务的效率和效果。

2. 内部控制的原则

企业、行政事业单位建立与实施内部控制，均应遵循全面性原则、重要性原则、制衡性原则和适应性原则。此外，企业还应遵循成本效益原则。

（1）全面性原则。内部控制应当贯穿决策、执行和监督的全过程，覆盖各种业务和事项，实现对经济活动的全面控制。

（2）重要性原则。内部控制应当在全面控制的基础上，关注重要经济活动和经济活动的重大风险。

（3）制衡性原则。企业内部控制应当在企业治理结构、机构设置及权责分配、业务流程等方面形成相互制约、相互监督，同时兼顾运营效率。行政事业单位内部控制应当在单位内部的部门管理、职责分工、业务流程等方面形成相互制约和相互监督。

（4）适应性原则。企业内部控制应当与企业经营规模、业务范围、竞争状况和风险水平等相适应，并随着情况的变化及时加以调整。行政事业单位内部控制应当符合国家有关规定和单位的实际情况，并随着外部环境的变化、单位经济活动的调整和管理要求的提高，不断修订和完善。

（5）成本效益原则。企业内部控制应当权衡实施成本与预期效益，以适当的成本实现有效控制。

3. 内部控制的责任人

对企业而言，董事会负责内部控制的建立健全和有效实施。监事会对董事会建立与实施内部控制进行监督。经理层负责组织领导企业内部控制的日常运行。企业应当成立专门机构或者指定适当的机构具体负责组织协调内部控制的建立实施及日常工作。

对行政事业单位而言，单位负责人对本单位内部控制的建立健全和有效实施负责。单位应当建立适合本单位实际情况的内部控制体系，并组织实施。

4. 内部控制的内容

企业建立与实施有效的内部控制，应当包括下列要素：

（1）内部环境。内部环境是企业实施内部控制的基础，一般包括治理结构、机构设置及权责分配、内部审计、人力资源政策、企业文化等。

（2）风险评估。风险评估是企业及时识别、系统分析经营活动中与实现内部控制目标相关的风险，合理确定风险应对策略。

（3）控制活动。控制活动是企业根据风险评估结果，采用相应的控制措施，将风险控制在可承受度之内。控制措施一般包括不相容职务分离控制、授权审批控制、会计系统控制、财产保护控制、预算控制、运营分析控制和绩效考评控制等。

（4）信息与沟通。信息与沟通是企业及时、准确地收集、传递与内部控制相关的信息，确保信息在企业内部、企业与外部之间进行有效沟通。

（5）内部监督。内部监督是企业对内部控制建立与实施情况进行监督检查，评价内部控制的有效性，发现内部控制缺陷，应当及时加以改进。内部监督分为日常监督和专项监督。日常监督是指企业对建立与实施内部控制的情况进行常规、持续的监督检查；专项监督是指在企业发展战略、组织结构、经营活动、业务流程、关键岗位员工等发生较大调整或变化的情况下，对内部控制的某一或者某些方面进行有针对性的监督检查。专项监督的范围和频率应当根据风险评估结果以及日常监督的有效性等予以确定。

行政事业单位建立与实施内部控制的具体工作包括梳理单位各类经济活动的业务流程，明确业务环节，系统分析经济活动风险，确定风险点，选择风险应对策略，在此基础上根据国家有关规定建立健全单位各项内部管理制度并督促相关工作人员认真执行。

5. 企业内部控制的控制措施

企业内部控制的控制措施一般包括不相容职务分离控制、授权审批控制、会计系统控制、财产保护控制、预算控制、运营分析控制和绩效考评控制等。

（1）不相容职务分离控制要求企业全面系统地分析、梳理业务流程中所涉及的不相容职务，实施相应的分离措施，形成各司其职、各负其责、相互制约的工作机制。

（2）授权审批控制要求企业根据常规授权和特别授权的规

定，明确各岗位办理业务和事项的权限范围、审批程序和相应责任。

企业应当编制常规授权的权限指引，规范特别授权的范围、权限、程序和责任，严格控制特别授权。常规授权是指企业在日常经营管理活动中按照既定的职责和程序进行的授权。特别授权是指企业在特殊情况、特定条件下进行的授权。

企业各级管理人员应当在授权范围内行使职权和承担责任。

企业对于重大的业务和事项，应当实行集体决策审批或者联签制度，任何个人不得单独进行决策或者擅自改变集体决策。

（3）会计系统控制要求企业严格执行国家统一的会计准则制度，加强会计基础工作，明确会计凭证、会计账簿和财务会计报告的处理程序，保证会计资料真实完整。

（4）财产保护控制要求企业建立财产日常管理制度和定期清查制度，采取财产记录、实物保管、定期盘点、账实核对等措施，确保财产安全。

企业应当严格限制未经授权的人员接触和处置财产。

（5）预算控制要求企业实施全面预算管理制度，明确各责任单位在预算管理中的职责权限，规范预算的编制、审定、下达和执行程序，强化预算约束。

（6）运营分析控制要求企业建立运营情况分析制度，经理层应当综合运用生产、购销、投资、筹资、财务等方面的信息，通过因素分析、对比分析、趋势分析等方法，定期开展运营情况分析，发现存在的问题，及时查明原因并加以改进。

（7）绩效考评控制要求企业建立和实施绩效考评制度，科学设置考核指标体系，对企业内部各责任单位和全体员工的业绩进行定期考核和客观评价，将考评结果作为确定员工薪酬以及职务晋升、评优、降级、调岗、辞退等的依据。

6. 行政事业单位内部控制的控制方法

行政事业单位内部控制的控制方法一般包括：

（1）不相容岗位相互分离。合理设置内部控制关键岗位，明确划分职责权限，实施相应的分离措施，形成相互制约、相互监督的工作机制。

（2）内部授权审批控制。明确各岗位办理业务和事项的权限范围、审批程序和相关责任，建立重大事项集体决策和会签制度。相关工作人员应当在授权范围内行使职权、办理业务。

（3）归口管理。根据本单位实际情况，按照权责对等的原则，采取成立联合工作小组并确定牵头部门或牵头人员等方式，对有关经济活动实行统一管理。

（4）预算控制。强化对经济活动的预算约束，使预算管理贯穿于单位经济活动的全过程。

（5）财产保护控制。建立资产日常管理制度和定期清查机制，采取资产记录、实物保管、定期盘点、账实核对等措施，确保资产安全完整。

（6）会计控制。建立健全本单位财会管理制度，加强会计机构建设，提高会计人员业务水平，强化会计人员岗位责任制，规范会计基础工作，加强会计档案管理，明确会计凭证、会计账簿和财务会计报告处理程序。

（7）单据控制。要求单位根据国家有关规定和单位的经济活动业务流程，在内部管理制度中明确界定各项经济活动所涉及的表单和票据，要求相关工作人员按照规定填制、审核、归档、保管单据。

（8）信息内部公开。建立健全经济活动相关信息内部公开制度，根据国家有关规定和单位的实际情况，确定信息内部公开的内容、范围、方式和程序。

（四）内部审计

1. 内部审计的概念

内部审计是指单位内部的一种独立客观的监督和评价活动，它通过单位内部独立的审计机构和审计人员审查和评价本部门、本单位财务收支和其他经营活动以及内部控制的适当性、合法性和有效性来促进单位目标的实现。

内部审计的内容是一个不断发展变化的范畴，主要包括财务审计、经营审计、经济责任审计、管理审计和风险管理等。

2. 内部审计的内容及特点

内部审计的内容是一个不断发展变化的范畴，主要包括财务审计、经营审计、经济责任审计、管理审计和风险管理等。

内部审计的审计机构和审计人员都设在本单位内部，审计的内容更侧重于经营过程是否有效、各项制度是否得到遵守与执行，审计结果的客观性和公正性较低，并且以建议性意见为主。

3. 内部审计的作用

内部审计在单位内部会计监督制度中的重要作用主要体现在以下三个方面：

（1）预防保护作用。内部审计机构通过对会计部门工作的监督，有助于强化单位内部管理控制制度，及时发现问题纠正错误，堵塞管理漏洞，减少损失，保护资产的安全与完整，提高会计资料的真实性、可靠性。

（2）服务促进作用。内部审计机构作为企业内部的一个职能部门，熟悉企业的生产经营活动等情况，工作便利。因此，通过内部审计，可在企业改善管理、挖掘潜力、降低生产成本、提高经济效益等方面起到积极的促进作用。

（3）评价鉴证作用。内部审计是基于受托经济责任的需要而产生和发展起来的，是经营管理分权制的产物。随着企业单位规模的扩大，管理层次增多，对各部门经营业绩的考核与评价是现代管理不可缺少的组成部分。通过内部审计，可以对各部门活动作出客观、公正的审计结论和意见，起到评价和鉴证的作用。

二、会计工作的政府监督

(一) 会计工作政府监督的概念

会计工作的政府监督主要是指财政部门代表国家对单位和单位中相关人员的会计行为实施的监督检查，以及对发现的违法会计行为实施的行政处罚。会计工作的政府监督是一种外部监督。

财政部门是会计工作政府监督的实施主体。除财政部门外，审计、税务、人民银行、银行监管、证券监管、保险监管等部门依照有关法律、行政法规规定的职责和权限，可以对有关单位的会计资料实施监督检查。

(二) 财政部门会计监督的主要内容

财政部门实施会计监督检查的内容主要包括：

(1) 对单位依法设置会计账簿的检查。具体包括：①按照法律、行政法规和国家统一的会计准则制度的规定，应当设置会计账簿的单位是否设置账簿；②设置会计账簿的单位，其设置的账簿是否符合法律、行政法规和国家统一的会计准则制度的要求；③单位是否存在账外设账的违法行为等。

(2) 对单位会计资料真实性、完整性的检查。具体包括：①应当依法办理会计手续、进行会计核算的经济业务事项是否如实在会计凭证、会计账簿、财务会计报告和其他会计资料上反映；②填制的会计凭证、登记的会计账簿、编制的财务会计报告与实际发生的经济业务事项是否相符；③财务会计报告的内容是否符合有关法律、行政法规和国家统一的会计准则制度的规定；④其他会计资料是否真实、完整；⑤使用的会计软件及其生成的会计资料是否符合法律、行政法规和国家统一的会计准则制度的规定等。

（3）对单位会计核算情况的检查。即检查会计核算是否符合《会计法》和国家统一的会计准则制度的规定。具体包括：①采用的会计年度、使用的记账本位币和会计记录文字是否符合有关规定；②填制或者取得原始凭证、编制记账凭证、登记会计账簿是否符合有关规定；③财务会计报告的编制程序、报送对象和报送期限是否符合有关规定；④会计处理方法的采用和变更是否符合有关规定；⑤是否按照有关规定建立并实施内部会计监督制度；⑥会计档案的建立、保管和销毁是否符合有关规定；⑦会计核算是否有其他违法会计行为等。

（4）对单位会计人员从业资格和任职资格的检查。具体包括：①从事会计工作的人员是否持有会计从业资格证书；②会计机构负责人（会计主管人员）是否具备法律、行政法规和国家统一的会计准则制度规定的任职资格等。

（5）对会计师事务所出具的审计报告的程序和内容的检查。国务院财政部门和省、自治区、直辖市人民政府财政部门应当对会计师事务所出具审计报告的程序和内容进行监督检查。这是对社会中介组织监督职能的再监督，有利于会计监督职能的强化和完善。

三、会计工作的社会监督

（一）会计工作社会监督的概念

会计工作的社会监督主要是指由注册会计师及其所在的会计师事务所依法对委托单位的经济活动进行审计、鉴证的一种外部监督。此外，单位和个人检举违反《会计法》和国家统一的会计准则制度规定的行为，也属于会计工作社会监督的范畴。

会计工作的社会监督是一种外部监督，是对单位内部监督的再监督，其特征是监督行为的独立性和有偿性。社会监督以其特有的中介性和公正性而得到法律认可，具有很强的权威性、公正性。

（二）注册会计师审计与内部审计的关系

1. 注册会计师审计与内部审计的联系

注册会计师审计与内部审计之间的联系主要是：注册会计师审计与内部审计都是现代审计体系的重要组成部分；都关注内部控制的健全性和有效性；注册会计师审计可能涉及对内部审计成果的利用等。

2. 注册会计师审计与内部审计的区别

（1）审计独立性不同。内部审计是本单位的一个职能部门，具有相对的独立性；注册会计师审计则完全独立于被审计单位。

（2）审计方式不同。内部审计依照单位经营管理的需要自行组织实施，具有较大的灵活性；注册会计师审计则是受托审计，必须依照《注册会计师法》、执业准则、规则实施审计。

（3）审计的职责和作用不同。内部审计的结果只对本部门、本单位负责，只作为本部门、本单位改进经营管理的参考，不对外公开；注册会计师审计需要对投资者、债权人及其他利益相关者负责，对外出具审计报告具有鉴证作用。

（4）接受审计的自愿程度不同。注册会计师审计时，委托人可自由选择会计师事务所。内部审计时，单位内部的组织必须接受内部审计人员的监督。

（三）注册会计师的业务范围

注册会计师执行业务，应当加入会计师事务所。会计师事务所是依法设立并承办注册会计师业务的机构。注册会计师和会计师事务所执行业务，必须遵守法律、行政法规。

我国注册会计师可以承办下列审计业务：（1）审查企业会

计报表，出具审计报告；（2）验证企业资本，出具验资报告；（3）办理企业合并、分立、清算事宜中的审计业务，出具有关的报告；（4）法律、行政法规规定的其他审计业务。

注册会计师可以承办下列会计咨询、会计服务业务：（1）设计财务会计制度；（2）担任会计顾问，提供会计、财务、税务和其他经济管理咨询；（3）代理记账；（4）代理纳税申报；（5）代办申请注册登记，协助拟定合同、协议、章程及其他经济文件；（6）培训会计人员；（7）审核企业前景财务资料；（8）资产评估。

注册会计师承办业务，由其所在的会计师事务所统一受理并与委托人签订委托合同。会计师事务所对本所注册会计师承办的业务，承担民事责任。

第五节　会计机构与会计人员

会计机构是各单位办理会计事务的职能机构，会计人员是直接从事会计工作的人员。单位应当建立健全会计机构，配备合适的会计人员。

一、会计机构的设置

（一）办理会计事务的组织方式

各单位办理会计事务的组织方式有以下三种。

1. 单独设置会计机构

单独设置会计机构是指单位依法设置独立负责会计事务的内部机构，负责进行会计核算，实行会计监督，拟订本单位办理会计事务的具体办法，参与拟订经济计划、业务计划，考核、分析预算、财务计划的实行情况，办理其他会计事务等。会计机构内部应当建立稽核制度。

2. 有关机构中配置专职会计人员

不具备单独设置会计机构条件的，应当在有关机构中配置专职会计人员，并指定会计主管人员。会计主管人员是指不单独设置会计机构的单位里，负责组织管理会计事务、行使会计机构负责人职权的负责人。

3. 实行代理记账

没有设置会计机构且未配置会计人员的单位，应当根据《代理记账管理办法》委托会计师事务所或者持有代理记账许可证书的其他代理记账机构进行代理记账。

（二）代理记账

代理记账机构是指依法取得代理记账资格，从事代理记账业务的机构。

代理记账是指代理记账机构接受委托办理会计业务。

1. 代理记账机构的设立条件

符合下列条件的机构可以申请代理记账资格：

（1）为依法设立的企业；

（2）持有会计从业资格证书的专职从业人员不少于3名；

（3）主管代理记账业务的负责人具有会计师以上专业技术职务资格且为专职从业人员；

（4）有健全的代理记账业务内部规范。

除会计师事务所以外的机构从事代理记账业务应当经县级以上地方人民政府财政部门（以下简称"审批机关"）批准，领取由财政部统一规定样式的代理记账许可证书。具体审批机关由省、自治区、直辖市、计划单列市人民政府财政部门确定。

会计师事务所及其分所可以依法从事代理记账业务。

申请人应当自取得代理记账许可证书之日起20日内通过企业信用信息公示系统向社会公示。

代理记账机构设立分支机构的，分支机构应当及时向其所在地的审批机关办理备案登记。

2. 代理记账机构的业务范围

代理记账机构可以接受委托办理下列业务：

（1）根据委托人提供的原始凭证和其他相关资料，按照国家统一的会计制度的规定进行会计核算，包括审核原始凭证、填制记账凭证、登记会计账簿、编制财务会计报告等；

（2）对外提供财务会计报告；

（3）向税务机关提供税务资料；

（4）委托人委托的其他会计业务。

3. 委托人的义务

委托人应当履行下列义务：

（1）对本单位发生的经济业务事项，应当填制或者取得符合国家统一的会计制度规定的原始凭证；

（2）应当配备专人负责日常货币收支和保管；

（3）及时向代理记账机构提供真实、完整的原始凭证和其他相关资料；

（4）对于代理记账机构退回的，要求按照国家统一的会计制度的规定进行更正、补充的原始凭证，应当及时予以更正、补充。

4. 代理记账机构及其从业人员的义务

代理记账机构及其从业人员应当履行下列义务：

（1）遵守有关法律、法规和国家统一的会计制度的规定，按照委托合同办理代理记账业务；

（2）对在执行业务中知悉的商业秘密予以保密；

（3）对委托人要求其作出不当的会计处理，提供不实的会计资料，以及其他不符合法律、法规和国家统一的会计制度行为的，予以拒绝；

（4）对委托人提出的有关会计处理相关问题予以解释。

二、会计工作岗位设置

(一) 会计工作岗位的概念

会计工作岗位是指单位会计机构内部根据业务分工而设置的从事会计工作、办理会计事项的具体职位。

在会计机构内部设置会计工作岗位，有利于明确分工和确定岗位职责，建立岗位责任制；有利于会计人员钻研业务，提高工作效率和质量；有利于会计工作的程序化和规范化，加强会计基础工作；还有利于强化会计管理职能，提高会计工作的作用；同时，也是配备数量适当的会计人员的客观依据之一。

(二) 会计工作岗位设置的要求

1. 按需设岗

各单位会计工作岗位的设置应与本单位业务活动的规模、特点和管理要求相适应。通常，业务活动规模大、业务过程复杂、经济业务量较多和管理较严格的单位，会计机构相应较大，会计机构内部的分工相应较细，会计人员和岗位也相应较多；相反，业务活动规模小、业务过程简单、经济业务量较少和管理要求不高的单位，会计机构相应较小，会计机构内部的分工会相应较粗，会计人员和岗位也相应较少。

2. 符合内部牵制的要求

内部牵制是通过实施岗位分离自动实现账目间的相互核对来保证相关账目正确无误的一种控制机制。它是内部控制制度的重要内容之一，主要包括：（1）内部牵制制度的原则，即机构分离、职务分离、钱账分离、物账分离等；（2）对出纳等岗位的职责和限制性规定；（3）有关部门或领导对限制性岗位的定期检查办法。

会计工作岗位可以一人一岗、一人多岗或者一岗多人，凡是涉及款项和财务收付、结算及登记的任何一项工作，必须由两人或两人以上分工办理，以起到相互制约的作用。出纳不得兼管稽核、会计档案保管和收入、费用、债权债务账目的登记工作；出纳以外的人员不得经管库存现金、有价证券、票据。

3. 建立岗位责任制

会计机构内部岗位责任制是指明确各项具体会计工作的职责范围、具体内容和要求，并落实到每个会计工作岗位或会计人员的一种会计工作责任制度。会计岗位责任制是单位会计人员履行会计岗位职责，提高工作效率的有效保证。因此，各单位应当建立会计岗位责任制。

4. 建立轮岗制度

对会计人员的工作岗位应当有计划地进行轮换，以促进会计人员全面熟悉业务和不断提高业务素质。会计人员轮岗，不仅是会计工作本身的需要，也是加强会计人员队伍建设的需要。定期、不定期地轮换会计人员的工作岗位，也有利于增强会计人员之间的团结合作意识，进一步完善单位内部控制制度。

（三）主要会计工作岗位

会计工作岗位一般可分为：（1）总会计师（或行使总会计师职权）岗位；（2）会计机构负责人或者会计主管人员岗位；（3）出纳岗位；（4）稽核；（5）资本、基金核算；（6）收入、支出、债权债务核算；（7）职工薪酬、成本费用、财务成果核算；（8）财产物资的收发、增减核算；（9）总账；（10）财务会计报告编制；（11）会计机构内会计档案管理；（12）其他会计工作岗位。开展会计电算化和管理会计的单位，可以根据需要设置相应工作岗位，也可以与其他工作岗位相结合。

会计机构中对正式移交之前的会计档案进行保管的工作岗位属于会计岗位，但档案管理部门中对正式移交之后的会计档案进行保管的会计档案管理岗位，不再属于会计岗位。

单位内部审计、社会审计和政府审计等工作相关的岗位也不属于会计岗位。

三、会计工作交接

会计工作交接，也称会计人员工作交接，是指会计人员工作调动、离职或因病暂时不能工作，应与接管人员办理交接手续的一种工作程序。

（一）交接的范围

会计人员工作交接的范围有：

（1）会计人员临时离职或因病不能工作、需要接替或代理的，会计机构负责人（会计主管人员）或单位负责人必须指定专人接替或者代理，并办理会计工作交接手续；

（2）临时离职或因病不能工作的会计人员恢复工作时，应当与接替或代理人员办理交接手续；

（3）移交人员因病或其他特殊原因不能亲自办理移交手续的，经单位负责人批准，可由移交人委托他人代办交接，但委托人应当对所移交的会计凭证、会计账簿、财务会计报告和其他有关资料的真实性、完整性承担法律责任。

（二）交接的程序

会计人员工作调动或者因故离职，必须将本人所经管的会计工作全部移交给接替人员。没有办清交接手续的，不得调动或者离职。

具体办理会计工作交接，应按以下程序进行：

1. 提出交接申请

会计人员在向单位或者有关机关提出调动工作或者离职的申请时，应当同时向会计机构提出会计交接申请，以便会计机构早做准备，安排其他会计人员接替工作。为了防止调动工作或者离职申请被批准后，少数会计人员不办理会计交接手续，单位或者有关机关在批准其申请前，应当主动与本单位的会计机构负责人沟通，了解该会计人员是否申请办理交接手续，以及会计机构的意见等。交接申请的内容通常应当包括：申请人姓名、申请调动工作或者离职的缘由、时间、会计交接的具体安排、有无重大报告事项或者建议等。

2. **办理移交手续前的准备工作**

会计人员在办理会计工作交接前，必须做好以下准备工作：

（1）已经受理的经济业务尚未填制会计凭证的，应当填制完毕；

（2）尚未登记的账目，应当登记完毕，结出余额，并在最后一笔余额后加盖经办人印章；

（3）整理好应该移交的各项资料，对未了事项和遗留问题要写出书面说明材料；

（4）编制移交清册，列明应该移交的会计凭证、会计账簿、财务会计报告、公章、库存现金、有价证券、支票簿、发票、文件、其他会计资料和物品等内容；实行会计电算化的单位，从事该项工作的移交人员应在移交清册上列明会计软件及密码、数据盘、磁带等内容；

（5）会计机构负责人（会计主管人员）移交时，应将财务会计工作、重大财务收支问题和会计人员等情况，向接替人员介绍清楚。

3. **移交点收**

移交人员离职前，必须将本人经管的会计工作，在规定的期限内，全部向接管人员移交清楚。接管人员应认真按照移交清册逐项点收。具体要求包括：

（1）库存现金要根据会计账簿记录余额进行当面点交，不得短缺。接替人员发现不一致或"白条顶库"现象时，移交人员在规定期限内负责查清处理。

（2）有价证券的数量要与会计账簿记录一致，有价证券面额与发行价不一致时，按照会计账簿余额交接。

（3）会计凭证、会计账簿、财务会计报告和其他会计资料必须完整无缺，不得遗漏。如有短缺，必须查清原因，并在移交清册中加以说明，由移交人员负责。

（4）银行存款账户余额要与银行对账单核对相符，如有未达账项，应编制银行存款余额调节表调节相符；各种财产物资和债权债务的明细账户余额，要与总账有关账户的余额核对相符；对重要实物要实地盘点，对余额较大的往来账户要与往来单位、个人核对。

（5）公章、收据、空白支票、发票、科目印章以及其他物品等必须交接清楚。

（6）实行会计电算化的单位，交接双方应在电子计算机上对有关数据进行实际操作，确认有关数字正确无误后，方可交接。

4. 专人负责监交

对监交的具体要求是：

（1）一般会计人员办理交接手续，由单位的会计机构负责人（会计主管人员）监交。

（2）会计机构负责人（会计主管人员）办理交接手续时，由单位负责人监交，必要时，主管单位可以派人会同监交。主管部门派人会同监交的情况如下：

① 所属单位领导人不能监交，如因单位撤并而办理交接手续；

② 所属单位领导人不能尽快监交，需要由上级主管单位派人督促监交；

③ 不宜由单位领导人单独监交，而需要上级主管单位会同监交，如所属单位负责人与办理交接手续的会计机构负责人有矛盾，在交接时单位负责人有可能会借机刁难；

④ 上级主管单位认为存在某些问题需要派人会同监交的。

5. 交接后的有关事宜

（1）会计工作交接完毕后，交接双方和监交人在移交清册上签名或盖章，并应在移交清册上注明：单位名称，交接日期，交接双方和监交人的职务、姓名，移交清册页数以及需要说明的问题和意见等；

（2）接管人员应继续使用移交前的账簿，不得擅自另立账簿，以保证会计记录前后衔接，内容完整；

（3）移交清册一般应填制一式三份，交接双方各执一份，存档一份。

（三）交接人员的责任

交接工作完成后，移交人员所移交的会计凭证、会计账簿、财务会计报告和其他会计资料是在其经办会计工作期间内发生的，应当对这些会计资料的真实性、完整性承担法律责任，即便接替人员在交接时因疏忽没有发现所交接会计资料存在真实性、完整性方面的问题，如事后发现仍应由原移交人员负责，原移交人员不应以会计资料已移交而推脱责任。

四、会计从业资格

（一）会计从业资格的概念

会计从业资格是指进入会计职业、从事会计工作的一种法定资质，是进入会计职业的"门槛"。从事会计工作必须持证上岗，这是我国会计管理工作的一项创新。

会计从业资格证书是具备会计从业资格的证明文件，在全国范围内有效。持有会计从业资格证书的人员（以下简称持证人员）不得涂改、出借会计从业资格证书。

（二）会计从业资格证书的适用范围

在国家机关、社会团体、企业、事业单位和其他组织（以下统称单位）中担任会计机构负责人（会计主管）的人员，以及从事下列会计工作的人员应当取得会计从业资格：（1）出纳；（2）稽核；（3）资本、基金核算；（4）收入、支出、债权债务核算；（5）职工薪酬、成本费用、财务成果核算；（6）财产物资的收发、增减核算；（7）总账；（8）财务会计报告编制；（9）会计机构内会计档案管理；（10）其他会计工作。

单位不得任用（聘用）不具备会计从业资格的人员从事会计工作。不具备会计从业资格的人员，不得从事会计工作，不得参加会计专业技术资格考试或评审、会计专业技术职务的聘任，不得申请取得会计人员荣誉证书。

（三）会计从业资格的取得

1. 会计从业资格的取得实行考试制度

会计从业资格考试大纲、考试合格标准由财政部统一制定和公布。会计从业资格实行无纸化考试，无纸化考试题库由财政部统一组织建设。考试科目为：财经法规与会计职业道德、会计基础、会计电算化（或者珠算）。会计从业资格各考试科目应当一次性通过。

2. 会计从业资格报名条件

申请参加会计从业资格考试的人员，应当符合下列基本条件：（1）遵守会计和其他财经法律、法规；（2）具备良好的道德品质；（3）具备会计专业基本知识和技能。

因有《会计法》第四十二条、第四十三条、第四十四条所列违法情形，被依法吊销会计从业资格证书的人员，自被吊销之日起5年以内不得参加会计从业资格考试，不得重新取得会计从业资格证书。

因有提供虚假财务会计报告，做假账，隐匿或者故意销毁会计凭证、会计账簿、财务会计报告，贪污、挪用公款，职务侵占等与会计职务有关的违法行为，被依法追究刑事责任的人员，不得参加会计从业资格考试，不得取得或者重新取得会计从业资格证书。

财政部负责全国会计从业资格考试工作，县级以上地方人民政府财政部门、新疆生产建设兵团财务局、中央军委后勤保障部、中国人民武装警察部队后勤部应当对申请参加会计从业资格考试人员的条件进行审核，符合条件的，允许其参加会计从业资格考试。

（四）会计从业资格的管理

1. 会计从业资格的管理机构

县级以上地方人民政府财政部门负责本行政区域内的会计从业资格管理。新疆生产建设兵团财务局应当按照财政部有关规定，负责所属单位的会计从业资格的管理。中央军委后勤保障部、中国人民武装警察部队后勤部应当按照财政部有关规定，分别负责中国人民解放军、中国人民武装警察部队系统的会计从业资格的管理。

2. 信息化管理制度

会计从业资格实行信息化管理。会计从业资格管理机构应当建立持证人员从业档案信息系统，及时记载、更新持证人员下列信息：（1）持证人员的相关基础信息；（2）持证人员从事会计工作情况；（3）持证人员的变更、调转登记情况；（4）持证人员换发会计从业资格证书情况；（5）持证人员接受继续教育情况；（6）持证人员受到表彰奖励情况；（7）持证人员因违反会计法律、法规、规章和会计职业道德被处罚情况。

3. 监督检查制度

会计从业资格管理机构应当对下列情况实施监督检查：（1）从事会计工作的人员持有会计从业资格证书情况；（2）持证人员换发、调转、变更登记会计从业资格证书情况；（3）持证人员从事会计工作和执行国家统一的会计准则制度情况；（4）持证人员遵守会计职业道德情况；（5）持证人员接受继续教育情况。

会计从业资格管理机构在实施监督检查时，持证人员应当如实提供有关情况和材料，有关单位应当予以配合。

4. 持证人员继续教育制度

持证人员应当接受继续教育，提高业务素质和会计职业道德水平。持证人员参加继续教育采取学分制管理制度。

会计从业资格管理机构应当加强对持证人员继续教育工作的监督、指导。单位应当鼓励和支持持证人员参加继续教育，保证学习时间，提供必要的学习条件。

会计从业资格管理机构应当对开展会计人员继续教育的培训机构进行监督和指导，规范培训市场，确保培训质量。

5. 变更登记制度

持证人员的姓名、有效身份证件及号码、照片、学历或学位、会计专业技术职务资格、开始从事会计工作时间等基础信息、持证人员接受继续教育情况、持证人员受到表彰奖励情况发生变化的，应当持相关有效证明和会计从业资格证书，到所属会计从业资格管理机构办理从业档案信息变更。会计从业资格管理机构应当在核实相关信息后，为持证人员办理从业档案信息变更。

持证人员的其他相关信息发生变化的，应当登录所属会计从业资格管理机构指定网站进行信息变更，也可以到所属会计从业资格管理机构办理。

6. 调转登记制度

持证人员所属会计从业资格管理机构发生变化的，应当及时办理调转登记手续。

持证人员所属会计从业资格管理机构在省级财政部门、新疆生产建设兵团财务局各自管辖范围内发生变化的，应当持会计从业资格证书、工作证明（或户籍证明、居住证明）到调入地所属会计从业资格管理机构办理调转登记。

持证人员所属会计从业资格管理机构跨省级财政部门、新疆生产建设兵团财务局、中央军委后勤保障部和中国人民武装警察部队后勤部管辖范围发生变化的，应当及时填写调转登记表，持会计从业资格证书，到原会计从业资格管理机构办理调出手续。持证人员应当自办理调出手续之日起3个月内，持会计从业资格证书、调转登记表和在调入地的工作证明（或户籍证明、居住证明），到调入地会计从业资格管理机构办理调入手续。

7. 定期换证制度

会计从业资格证书实行6年定期换证制度。持证人员应当在会计从业资格证书到期前6个月内，填写定期换证登记表，持有效身份证件原件和会计从业资格证书，到所属会计从业资格管理机构办理换证手续。

8. 会计从业资格的撤销

有下列情形之一的，会计从业资格管理机构可以撤销持证人员的会计从业资格：（1）会计从业资格管理机构工作人员滥用职权、玩忽职守，作出给予持证人员会计从业资格决定的；（2）超越法定职权或者违反法定程序，作出给予持证人员会计从业资格决定的；（3）对不具备会计从业资格的人员，作出给予会计从业资格决定的。持证人员以欺骗、贿赂、舞弊等不正当手段取得会计从业资格的，会计从业资格管理机构应当撤销其会计从业资格。

参加会计从业资格考试舞弊的，2年内不得参加会计从业资格考试，由会计从业资格管理机构取消其考试成绩，已取得会计从业资格的，由会计从业资格管理机构撤销其会计从业资格。

9. 会计从业资格的注销

持证人员具有下列情形之一的，会计从业资格管理机构应当注销其会计从业资格：（1）死亡或者丧失行为能力的；（2）会计从业资格被依法吊销的。

五、会计专业技术资格与职务

（一）会计专业技术资格

会计专业技术资格是指担任会计专业职务的任职资格，分为初级资格、中级资格和高级会计资格三个级别。

初级、中级资格的取得实行全国统一考试制度，符合报名条件的人员，均可报考。其中，初级会计资格考试科目包括初级会计实务和经济法基础；中级会计资格考试科目包括中级会计实务、财务管理和经济法。报考初级会计资格考试的人员必须具备会计从业资格证书以及教育部认可的高中以上学历。报考中级会计资格考试的人员除具备上述条件外，还必须有下列条件：（1）取得大专学历的，从事会计工作满 5 年；（2）取得大学本科学历的，从事会计工作满 4 年；（3）取得双学士学位或研究班毕业的，从事会计工作满 2 年；（4）取得硕士学位的，从事会计工作满 1 年；（5）取得博士学位。

高级会计师资格的取得实行考试与评审相结合制度，符合报名条件的人员，均可报考，考试合格后，方可申请参加高级会计师资格评审。其中，专业考试科目为高级会计实务。参加考试并达到国家合格标准的人员，由全国会计专业技术资格考试办公室核发高级会计师资格考试成绩合格证，该证在全国范围内 3 年有效。报考高级会计师资格考试的人员需要符合的条件为必须具有会计师、审计师、财税经济师等中级专业技术资格或注册税务师、注册资产评估师资格之一，并从事会计、财税和相应管理工作的在职专业人员。

（二）会计专业职务

会计专业职务是区分会计人员从事业务工作的技术等级。会计专业职务分为高级会计师、会计师、助理会计师、会计员。其中，高级会计师为高级职务，会计师为中级职务，助理会计师与会计员为初级职务。

1. 会计员的主要工作职责和任职条件

会计员基本职责是：负责具体审核和办理财务收支，编制记账凭证，登记会计账簿，编制会计报表和办理其他会计事务。

会计员的基本条件：（1）初步掌握财务会计知识和技能；（2）熟悉并能按照执行有关会计法规和财务会计制度；（3）能担负一个岗位的财务会计工作；（4）大学专科或中等专业学校毕业，在财务会计工作岗位上见习一年期满。

2. 助理会计师的主要工作职责和任职条件

助理会计师的基本职责是：负责草拟一般的财务会计制度、规定、办法；解释、解答财务会计法规、制度中的一般规定；分析检查某一方面或某些项目的财务收支和预算的执行情况等。

担任助理会计师的基本条件是：（1）掌握一般的财务会计基础理论和专业知识；（2）熟悉并能正确执行有关的财经方针、政策和财务会计法规、制度；（3）能担负一个方面或某个重要岗位的财务会计工作；（4）取得硕士学位或取得第二学士学位或研究生班结业证书，具备履行助理会计师职责的能力，或者大学本科毕业后在财务会计工作岗位上见习一年期满，或者大学专科毕业并担任会计员职务两年以上，或者中等专业学校毕业并担任会计员职务4年以上。

3. 会计师的主要工作职责和任职条件

会计师的基本职责是：负责草拟比较重要的财务会计制度、规定、办法，解释、解答财务会计法规、制度中的重要问题，分析、检查财务收支和预算执行情况，培养初级会计人才。

担任会计师的基本条件是：（1）较系统地掌握财务会计基础理论和专业知识；（2）掌握并能正确贯彻执行有关的财经方针、政策和财务会计法规、制度；（3）具有一定的财务会计工作经验，能担负一个单位或管理一个地区、一个部门、一个系统某个方面的财务会计工作；（4）取得博士学位并具有履行会计师职责的能力，或者取得硕士学位并担任助理会计师职务两年左右，或者取得第二学士学位或研究生班结业证书并担任助理会计师职务 2~3 年，或者大学本科或专科毕业并担任助理会计师职务 4 年以上；（5）掌握一门外语。

4. 高级会计师的主要工作职责和任职条件

高级会计师的基本职责是：负责草拟和解释、解答一个地区、一个部门、一个系统或在全国施行的财务会计法规、制度、办法，组织和指导一个地区或一个部门、一个系统的经济核算和财务会计工作，培养中级以上会计人才。

担任高级会计师的基本条件是：（1）较系统地掌握经济、财务会计理论和专业知识；（2）具有较高的政策水平和丰富的财务会计工作经验，能担负一个地区、一个部门或一个系统的财务会计管理工作；（3）取得博士学位并担任会计师职务 2~3 年，或者取得硕士学位、第二学士学位或研究生班结业证书，或者大学本科毕业并担任会计师职务 5 年以上；（4）较熟练地掌握一门外语。

第六节　法律责任

一、法律责任概述

法律责任是指违反法律规定的行为应当承担的法律后果。《会计法》规定的法律责任主要有行政责任和刑事责任两种责任形式。

（一）行政责任

行政责任是指犯有一般违法行为的单位或个人，依照法律、法规的规定应承担的法律责任。行政责任主要有行政处罚和行政处分两种方式。

1. 行政处罚

行政处罚是指行政机关或其他行政主体依法定职权和程序对违反行政法规尚未构成犯罪的行政管理相对人给予行政制裁的具体行政行为。

县级以上人民政府财政部门可依法对违反《中华人民共和国会计法》行为的单位和个人作出行政处罚。行政处罚的类别主要有罚款、责令限期改正、吊销会计从业资格证书等。

2. 行政处分

行政处分是对国家工作人员故意或者过失侵犯行政相对人的合法权益所实施的法律制裁。行政处分的对象仅限于直接负责的国家工作人员。

行政处分的形式主要有警告、记过、记大过、降级、撤职、开除等。

（二）刑事责任

刑事责任是指犯罪行为应当承担的法律责任，即对犯罪分子依照刑事法律的规定追究其法律责任。刑事责任包括主刑和附加刑两种。主刑分为管制、拘役、有期徒刑、无期徒刑和死刑。主刑只能独立适用，不能附加适用。附加刑分为罚金、剥夺政治权利、没收财产。对犯罪的外国人，也可以独立或附加适用驱逐出境。

二、不依法设置会计账簿等会计违法行为的法律责任

有下列行为之一的，由县级以上人民政府财政部门责令限期改正，可以对单位并处三千元以上五万元以下的罚款；对其直接

负责的主管人员和其他直接责任人员，可以处二千元以上二万元以下的罚款；属于国家工作人员的，还应当由其所在单位或者有关单位依法给予行政处分。

不依法设置会计账簿的行为；私设会计账簿的行为；未按照规定填制、取得原始凭证或者填制、取得的原始凭证不符合规定的行为；以未经审核的会计凭证为依据登记会计账簿或者登记会计账簿不符合规定的行为；随意变更会计处理方法的行为；向不同的会计资料使用者提供的财务会计报告编制依据不一致的行为；未按照规定使用会计记录文字或者记账本位币的行为；未按照规定保管会计资料，致使会计资料毁损、灭失的行为；未按照规定建立并实施单位内部会计监督制度，或者拒绝依法实施的监督，或者不如实提供有关会计资料及有关情况的行为；任用会计人员不符合《会计法》规定的行为。

有上述所列行为之一，构成犯罪的，依法追究刑事责任。会计工作人员有上述所列行为之一、情节严重的，由县级以上人民政府财政部门吊销其会计从业资格证书。

三、其他会计违法行为的法律责任

（一）伪造、变造会计凭证、会计账簿，编制虚假财务会计报告的法律责任

伪造、变造会计凭证、会计账簿，编制虚假财务会计报告，构成犯罪的，依法追究刑事责任。有上述行为，尚不构成犯罪的，由县级以上人民政府财政部门予以通报，可以对单位并处五千元以上十万元以下的罚款；对其直接负责的主管人员和其他直接责任人员，可以处三千元以上五万元以下的罚款；属于国家工作人员的，还应由其所在单位或者有关单位依法给予撤职直至开除的行政处分；对其中的会计人员，并由县级以上人民政府财政部门吊销会计从业资格证书。

（二）隐匿或者故意销毁依法应当保存的会计凭证、会计账簿、财务会计报告的法律责任

隐匿或者故意销毁依法应当保存的会计凭证、会计账簿、财务会计报告，构成犯罪的，依法追究刑事责任。有上述行为，尚不构成犯罪的，由县级以上人民政府财政部门予以通报，可以对单位并处五千元以上十万元以下的罚款；对其直接负责的主管人员和其他直接责任人员，可以处三千元以上五万元以下的罚款；属于国家工作人员的，还应由其所在单位或者有关单位依法给予撤职直至开除的行政处分；对其中的会计人员，并由县级以上人民政府财政部门吊销会计从业资格证书。

（三）授意、指使、强令会计机构、会计人员及其他人员伪造、变造会计凭证、会计账簿，编制虚假财务会计报告或者隐匿、故意销毁依法应当保存的会计凭证、会计账簿、财务会计报告的法律责任

授意是指暗示他人按其意思行事；指使是指通过明示方式，指示他人按其意思行事；强令是指明知其命令是违反法律的，而强迫他人执行其命令的行为。

授意、指使、强令会计机构、会计人员及其他人员伪造、变造会计凭证、会计账簿，编制虚假财务会计报告或者隐匿、故意销毁依法应当保存的会计凭证、会计账簿、财务会计报告，构成犯罪的，依法追究刑事责任；尚不构成犯罪的，可以处五千元以上五万元以下的罚款；属于国家工作人员的，还应当由其所在单位或者有关单位依法给予降级、撤职、开除的行政处分。

（四）单位负责人对会计人员实行打击报复的法律责任

单位负责人对依法履行职责、抵制违反《会计法》规定行为的会计人员以降级、撤职、调离工作岗位、解聘或者开除等方式实行打击报复，构成犯罪的，依法追究刑事责任；尚不构成犯罪的，由其所在单位或者有关单位依法给予行政处分。对受打击

报复的会计人员，应当恢复其名誉和原有职务、级别。

课 后 习 题

一、单项选择题

1. 下列各项中，属于会计法律的是（　　）。

    A. 《会计法》　　　　　　　B. 《企业会计准则》

    C. 《总会计师条例》　　　　D. 《企业财务会计报告条例》

答案：A

2. 下列各项中，属于会计工作政府监督实施主体的是（　　）。

    A. 证监会　　B. 保监会　　C. 银监会　　D. 财政部门

答案：D

3. 下列各项中，属于单位会计机构负责人必须具备的条件是（　　）。

    A. 取得会计从业资格证书，且具备会计师以上专业技术职务资格或者从事会计工作的经历为 1 年以上

    B. 取得会计从业资格证书，且具备会计师以上专业技术职务资格或者从事会计工作的经历为 2 年以上

    C. 取得会计从业资格证书，且具备会计师以上专业技术职务资格或者从事会计工作的经历为 3 年以上

    D. 取得会计从业资格证书，且具备会计师以上专业技术职务资格或者从事会计工作的经历为 5 年以上

答案：C

4. 下列各项中，属于会计主管人员办理交接手续时作为监交人员的是（　　）。

    A. 单位负责人　　　　　　　B. 会计机构负责人

    C. 财政部特派人员　　　　　D. 审计部特派人员

答案：A

5. 下列各项中，属于对编制虚假财务会计报告但尚不构成犯罪的单位应处的罚金是（　　）。

A. 三千元以上五万元以下

B. 五千元以上十万元以下

C. 五万元以上十万元以下

D. 五千元以上五万元以下

答案：B

二、多项选择题

1. 下列各项中，属于国家统一会计行政法规的有（　　）。

A. 《中华人民共和国总会计师条例》

B. 《会计从业资格管理办法》

C. 《企业财务会计报告条例》

D. 《企业会计准则——基本准则》

答案：AC

2. 下列各项中，属于会计工作行政管理的有（　　）。

A. 会计监督检查

B. 会计市场管理

C. 会计专业人才评价

D. 制定国家统一的会计准则制度

答案：ABCD

3. 下列关于更正原始凭证错误的表述中，正确的有（　　）。

A. 原始单位对于填制有误的原始凭证负有更正和重新开具的法律义务，不得拒绝

B. 对于数字发生错误的原始凭证，必须退回原开出单位重开，不可在原错误处更正

C. 对于文字发生错误的原始凭证，应退回原开出单位重

开，或在错误处进行更正，并在更正处加盖更正单位
公章及相关人员名章

　　D. 原始凭证填写如有错误，要使用正确的改错方法更
正，不得涂改、刮擦、挖补或用褪色水改，更正处应
当加盖开出单位的公章

　答案：ABCD

4. 下列关于企业会计档案保管期限的表述中，正确的有
（　　　）。

　　A. 年度财务报告永久保管

　　B. 库存现金和银行日记账保管30年

　　C. 会计凭证保管期限一般为30年

　　D. 总账、明细账和辅助账簿保管10年

　答案：ABC

5. 下列各会计档案中，需要保管30年的有（　　　）。

　　A. 总账账簿　　　　　　　B. 明细账账簿

　　C. 会计档案保管清册　　　D. 银行日记账账簿

　答案：ABD

6. 下列各项中，可以对有关单位会计资料实施监督检查的
有（　　　）。

　　A. 财政部门　　　　　　　B. 人民银行

　　C. 税务部门　　　　　　　D. 证券监管部门

　答案：ABCD

7. 下列各项中，属于我国注册会计师可以承担的审计业务
有（　　　）。

　　A. 审核企业前景财务资料

　　B. 验证企业资本，出具验资报告

　　C. 审查企业会计报表，出具审计报告

　　D. 办理企业合并、分立、清算事宜中的审计业务，出具

有关的报告

答案：BCD

8. 下列对会计工作的社会监督表述中，正确的有（　　　）。

　　A. 会计工作的社会监督是一种外部监督，是单位内部监督的再监督

　　B. 会计工作的社会监督以其特有的中介性和公正性而得到法律认可，具有很强的权威性、公正性

　　C. 单位和个人检举违反《会计法》和国家统一的会计准则制度规定的行为，也属于会计工作社会监督的范畴

　　D. 会计工作的社会监督主要是指由注册会计师及其所在的会计师事务所依法对委托单位的经济活动进行审计、鉴证的一种外部监督

答案：ABCD

9. 下列各项中，属于会计工作岗位设置要求的有（　　　）。

　　A. 按需设岗　　　　　　　B. 建立轮岗制度

　　C. 建立岗位责任制　　　　D. 符合内部牵制的要求

答案：ABCD

10. 下列各岗位中，出纳不得同时兼任的有（　　　）。

　　A. 稽核　　　　　　　　　B. 费用类科目的账目登记

　　C. 会计档案保管　　　　　D. 债券类科目的账目登记

答案：ABCD

三、判断题（请判断每小题的表述是否正确，表述正确的，划"√"；表述错误的，划"×"）

1. 会计法律制度是指国家权力机关和行政机关制定的，用以调整会计关系的各种法律、法规、规章和规范性文件的总称。

（　　　）

答案：√

2. 我国会计工作管理体制实行统一领导、统一管理的原则。
（　　）

答案：×

3. 单位会计机构负责人对本单位的会计工作和会计资料的真实性、完整性负责。（　　）

答案：×

4. 任何单位不得以虚假的经济业务事项或者资料进行会计核算，一旦违反，即是严重的违法行为，将受到法律的严厉制裁。（　．）

答案：√

5. 依法设置会计账簿，是单位进行会计核算的最基本要求之一。（　　）

答案：√

6. 财务会计报告应当由单位负责人和会计机构负责人签名并盖章。（　　）

答案：×

7. 一切妨碍、阻挠会计机构、会计人员进行会计监督的行为都是违法行为。任何人都应支持会计机构、会计人员依法行使会计监督权。（　　）

答案：√

8. 会计工作岗位必须一人一岗。（　　）

答案：×

9. 国有的和国有资产占控股地位或者主导地位的大、中型企业必须设置总会计师。（　　）

答案：√

10. 在设置会计岗位和配备会计人员时，存在夫妻关系、直系血亲关系、三代以内旁系血亲以及近姻亲关系等亲属关系的需要回避。（　　）

答案：√

11. 会计人员在获得会计从业资格证书并上岗后，持证人员无须再进行继续教育。　　　　　　　　　　　　（　　）

答案：×

12. 法律责任是指违反法律规定的行为应当承担的法律后果。《会计法》规定的法律责任主要有行政责任和刑事责任两种责任形式。　　　　　　　　　　　　　　　　　　（　　）

答案：√

第二章 结算法律制度

第一节 现金结算

一、现金结算的概念与特点

(一) 现金结算的概念

现金结算是指在商品交易、劳务供应等经济往来中，直接使用现金进行应收应付款结算的一种行为。在我国主要适用于单位与个人之间的款项收付，以及单位之间的转账结算起点金额以下的零星小额收付。

(二) 现金结算的特点

现金结算具有直接便利、不安全性、不易宏观控制和管理费用较高等特点。

1. 直接便利

现金结算方式下，买卖双方一手交钱，一手交货，当面钱货两清，无须通过中介，对买卖双方而言是最为直接和便利的；在劳务供应、信贷存放和资金调拨方面，现金结算同样直接和便利，因而广泛地被社会大众所接受。

2. 不安全性

现金结算的广泛性和便利性，使其成为不法分子觊觎的最主要目标，容易被偷盗、贪污和挪用。在现实经济生活中，绝大多数的经济犯罪活动都和现金有关。

3. 不易宏观控制和管理

现金结算大部分不通过银行进行，因而国家很难对其进行控制。过多的现金结算会使流通中的现钞过多，容易造成通货膨胀。

4. 费用较高

现金结算虽然可以减少相关手续费用，但其清点、运送、保管成本较高。过多的现金结算将增大整个国家印制、保管、运送现金和回收废旧现钞等工作的成本，浪费人力、物力和财力。

二、现金结算的渠道

现金结算的渠道有：（1）付款人直接将现金支付给收款人。现金结算方式下，付款人直接将现金支付给收款人，无须通过银行等中介机构。（2）付款人委托银行、非银行金融机构或者非金融机构将现金支付给收款人。现金结算方式下，付款人委托银行、非银行金融机构或者非金融机构（如邮局）将现金支付给收款人。

三、现金结算的范围

根据国务院发布的《现金管理暂行条例》的规定，开户单位之间的经济往来，除按条例规定的范围可以使用现金外，其他款项的支付应当通过开户银行进行转账结算。开户银行负责现金管理的具体实施，对开户单位收支、使用现金进行监督管理，各级人民银行负责履行金融主管机关的职责，对开户银行的现金管理进行监督和稽核。

开户单位可以在下列范围内使用现金：

（1）职工工资、津贴；

（2）个人劳务报酬；

（3）根据国家规定颁发给个人的科学技术、文化艺术、体育等各种奖金；

（4）各种劳保、福利费用以及国家规定的对个人的其他支出；

（5）向个人收购农副产品和其他物资的价款；

（6）出差人员必须随身携带的差旅费；

（7）结算起点以下的零星支出；

（8）中国人民银行确定需要支付现金的其他支出。

上述款项结算起点为 1 000 元。结算起点的调整，由中国人民银行确定，报国务院备案。除上述第（5）、（6）项外，开户单位支付给个人的款项，超过使用现金限额的部分，应当以支票或者银行本票支付；确需全额支付现金的，经开户银行审核后，予以支付现金。

四、现金使用的限额

现金使用的限额，由开户行根据单位的实际需要核定，一般按照单位 3～5 天日常零星开支所需确定。边远地区和交通不便地区的开户单位的库存现金限额，可按多于 5 天但不得超过 15 天的日常零星开支的需要确定。经核定的库存现金限额，开户单位必须严格遵守。需要增加或减少库存现金限额的，应当向开户银行提出申请，由开户银行核定。

对没有在银行单独开立账户的附属单位也要实行现金管理，必须保留的现金，也要核定限额，其限额包括在开户单位的库存限额之内。商业和服务行业的找零备用现金也要根据营业额核定定额，但不包括在开户单位的库存现金限额之内。

第二节 支付结算概述

一、支付结算的概念与特征

(一) 支付结算的概念

支付结算是指单位、个人在社会经济活动中使用票据、信用卡和汇兑、托收承付、委托收款等结算方式进行货币给付及其资金清算的行为。

银行、城市信用合作社、农村信用合作社（以下简称银行）以及单位（含个体工商户）和个人是办理支付结算的主体。其中，银行是支付结算和资金清算的中介机构。

(二) 支付结算的特征

1. 支付结算必须通过中国人民银行批准的金融机构进行

银行是支付结算和资金清算的中介机构。未经中国人民银行批准的非银行机构和其他单位不得作为中介机构经营支付结算业务。但法律、行政法规另有规定的除外。

2. 支付结算的发生取决于委托人的意志

银行只要以善意、符合规定的正常操作程序进行审查，对伪造、变造的票据和结算凭证上的签章以及需要检验个人有效证件，未发现异常而支付金额的，银行对出票人或付款人不再承担受委托付款的责任；对持票人或者收款人不再承担付款的责任。

3. 实行统一领导，分级管理

中国人民银行总行负责制定统一的支付结算制度，组织、管理和监督全国支付结算工作；调解、处理银行间的支付结算纠纷。中国人民银行分行、支行负责组织管理监督本辖区的支付结算工作，协调、处理本辖区银行间的支付结算纠纷。

4. 支付结算是一种要式行为

所谓要式行为，是指法律规定必须依照一定形式进行的行为。如果该行为不符合法定的形式要件，即为无效。为保证支付结算的准确、安全和及时，使其业务正常进行，中国人民银行除了对票据和结算凭证的格式有统一的要求外，还对正确填写票据和结算凭证做出了基本规定。

5. 支付结算必须依法进行

支付结算当事人必须依法进行支付结算活动。

二、支付结算的主要法律依据

支付结算方面的法律、法规和制度，主要包括：《票据法》、《票据管理实施办法》、《支付结算办法》、《现金管理暂行条例》、《中国人民银行银行卡业务管理办法》、《人民币银行结算账户管理办法》、《异地托收承付结算办法》、《电子支付指引（第一号）》等。

三、支付结算的基本原则

支付结算的基本原则有：

（1）恪守信用，履约付款原则。根据该原则，各单位之间、单位与个人之间发生交易往来，产生支付结算行为时，结算当事人必须依照双方约定的民事法律关系内容依法承担义务和行使权利，严格遵守信用，履行付款义务，特别是应当按照约定的付款金额和付款日期进行支付。结算双方办理款项收付完全建立在自觉自愿、相互信用的基础上。

（2）谁的钱进谁的账、由谁支配原则。根据该原则，银行在办理结算时，必须按照存款人的委托，将款项支付给其指定的收款人；对存款人的资金，除国家法律另有规定外，必须由其自由支配。这一原则主要在于维护存款人对存款资金的所有权，保证其对资金支配的自主权。

（3）银行不垫款原则，即银行在办理结算过程中，只负责办理结算当事人之间的款项划拨，不承担垫付任何款项的责任。这一原则主要在于划清银行资金与存款人资金的界限，保护银行资金的所有权和安全，有利于促使单位和个人直接对自己的债权债务负责。

上述三个原则既可以单独发挥作用，又是一个有机的整体，分别从不同角度强调了付款人、收款人和银行在结算过程中的权利义务，切实保障了结算活动的正常进行。

四、办理支付结算的要求

（一）办理支付结算的基本要求

（1）办理支付结算必须使用中国人民银行统一规定的票据和结算凭证，未使用中国人民银行统一规定的票据，票据无效；未使用中国人民银行统一规定的结算凭证，银行不予受理。

（2）办理支付结算必须按统一的规定开立和使用账户。单位、个人和银行应当按照《人民币银行结算账户管理办法》的规定开立、使用账户。

（3）填写票据和结算凭证应当全面规范，做到数字正确，要素齐全，不错不漏，字迹清楚，防止涂改。票据和结算凭证金额以中文大写和阿拉伯数码同时记载，二者必须一致，二者不一致的，票据无效；二者不一致的结算凭证，银行不予受理。

（4）票据和结算凭证上的签章和记载事项必须真实，不得变造、伪造。

票据和结算凭证上的签章为签名、盖章或者签名加盖章。单位、银行在票据上的签章和单位在结算凭证上的签章，为该单位、银行的盖章加其法定代表人或者其授权的代理人的签名或者盖章。个人在票据和结算凭证上的签章，为个人本人的签名或盖章。

伪造是指无权限人假冒他人或虚构他人名义签章的行为；变造是指无权更改票据内容的人，对票据上签章以外的记载事项加以改变的行为。变造票据的方法多是在合法票据的基础上对票据加以剪接、挖补、覆盖、涂改，从而非法改变票据的记载事项。票据上有伪造、变造签章的，不影响票据上其他当事人真实签章的效力。

（二）支付结算凭证填写的要求

（1）票据的出票日期必须使用中文大写。月为壹、贰和壹拾的，日为壹至玖和壹拾、贰拾和叁拾的，应在其前加"零"；日为拾壹至拾玖的，应在其前加"壹"。大写日期未按要求规范填写的，银行可予受理；但由此造成损失的，由出票人自行承担。例如，2月12日，应写成零贰月壹拾贰日；10月20日，应写成零壹拾月零贰拾日。票据出票日期使用小写填写的，银行不予受理。大写日期未按要求规范填写的，银行可予受理；但由此造成损失的，由出票人自行承担。

（2）中文大写金额数字应用正楷或行书填写，不得自造简化字。如果金额数字书写中使用繁体字，也应受理。

（3）中文大写金额数字前应标明"人民币"字样，大写金额数字应紧接"人民币"字样填写，不得留有空白。大写金额数字前未印"人民币"字样的，应加填"人民币"三字。

（4）中文大写金额数字到"元"为止的，在"元"之后应写"整"（或"正"）字，到"角"为止的，在"角"之后可以不写"整"（或"正"）字。大写金额数字有"分"的，"分"后面不写"整"（或"正"）字。

（5）阿拉伯小写金额数字前面，均应填写人民币符号"￥"。阿拉伯小写金额数字要认真填写，不得连写分辨不清。

（6）阿拉伯小写金额数字中有"0"的，中文大写应按照汉语语言规律、金额数字构成和防止涂改的要求进行书写。

① 阿拉伯数字中间有"0"时，中文大写金额要写"零"字。例如，￥1 409.60，应写成人民币壹仟肆佰零玖元陆角，或者写成人民币壹仟肆佰零玖元陆角整。

② 阿拉伯数字中间连续有几个"0"时，中文大写金额中间可以只写一个"零"字。例如，￥6 007.16，应写成人民币陆仟零柒元壹角陆分。

③ 阿拉伯数字万位或元位是"0"，或者数字中间连续有几个"0"，万位、元位也是"0"，但千位、角位不是"0"时，中文大写金额中可以只写一个"零"字，也可以不写零字。例如，￥1 680.32，应写成人民币壹仟陆佰捌拾元零叁角贰分，或者写成人民币壹仟陆佰捌拾元叁角贰分；又例如，￥107 000.53，应写成人民币壹拾万柒仟元零伍角叁分，或者写成人民币壹拾万零柒仟元伍角叁分。

④ 阿拉伯金额数字角位是"0"，而分位不是"0"时，中文大写金额"元"后面应写"零"字。例如，￥16 409.02，应写成人民币壹万陆仟肆佰零玖元零贰分；又例如，￥325.04，应写成人民币叁佰贰拾伍元零肆分。

票据和结算凭证的金额、出票或签发日期、收款人名称不得更改，更改的票据无效；更改的结算凭证，银行不予受理。对票据和结算凭证上的其他记载事项，原记载人可以更改，更改时应当由原记载人在更改处签章证明。

第三节　银行结算账户

一、银行结算账户的概念与分类

（一）银行结算账户的概念

银行结算账户是指存款人在经办银行开立的办理资金收付结

算的人民币活期存款账户。"银行"是指在中国境内经中国人民银行批准经营支付结算业务的政策性银行、商业银行（含外资独资银行、中外合资银行、外国银行分行）、城市信用合作社、农村信用合作社。存款人是指在中国境内开立银行结算账户的机关、团体、部队、企业、事业单位、其他组织（以下统称单位）、个体工商户和自然人。通过银行结算账户可以将资金从一方当事人向另一方当事人转移。单位或个人之间的人民币转账结算离不开银行结算账户。

（二）银行结算账户的分类

1. 基本存款账户

（1）基本存款账户的概念及使用范围。

基本存款账户是指存款人因办理日常转账结算和现金收付需要开立的银行结算账户。

下列存款人，可以申请开立基本存款账户：企业法人、非法人企业、机关、事业单位、团级（含）以上军队、武警部队及分散执勤的支（分）队、社会团体、民办非企业组织、异地常设机构、外国驻华机构、个体工商户、居民委员会、村民委员会、社区委员会、单位设立的独立核算的附属机构、其他组织。

基本存款账户是存款人的主办账户。存款人日常经营活动的资金收付及其工资、奖金和现金的支取，应该通过该账户办理。

（2）基本存款账户开户要求。

存款人申请开立基本存款账户，应向银行出具下列证明文件：

企业法人应出具企业法人营业执照正本；非法人企业，应出具企业营业执照正本；机关和实行预算管理的事业单位，应出具政府人事部门或编制委员会的批文或登记证书和财政部门同意其开户的证明；非预算管理的事业单位应出具政府人事部门或编制委员会的批文或者登记证书；军队、武警团级（含）以上单位以及分散执勤的支（分）队应出具军队军级以上单位财务部门、武警总队财务部门的开户证明；社会团体，应出具社会团体登记证书，宗教组织还应出具宗教事务管理部门的批文或证明；民办非企业组织应出具民办非企业登记证书；外地常设机构应出具其驻在地政府主管部门的批文；外国驻华机构应出具国家有关主管部门的批文或证明；外资企业驻华代表处、办事处应出具国家登记机关颁发的登记证；个体工商户应出具个体工商户营业执照正本；居民委员会、村民委员会、社区委员会应出具其主管部门的批文或证明；独立核算的附属机构应出具其主管部门的基本存款账户开户登记证和批文；其他组织应出具政府主管部门的批文或证明。存款人如为从事生产、经营活动纳税人的，还应出具税务部门颁发的税务登记证。

（3）开立基本存款账户的程序。

存款人应填制开户申请书，提供规定的证件。送交盖有存款人印章的印鉴卡片，经银行审核同意并凭中国人民银行当地分支机构核发的开户许可证，即可开立账户。

需要特别说明的是，印鉴卡片上填写的户名必须与单位名称一致，同时要加盖开户单位的公章、单位负责人或财务机构负责人和出纳人员三枚图章。它是单位与银行事先约定的一种具有法律效力的付款依据，银行在为单位办理结算业务时，凭开户单位在印鉴卡片上预留的印鉴审核支付凭证的真伪。如果支付凭证上加盖的印章与预留的印鉴不符，银行可以拒绝办理付款业务，以保障开户单位款项的安全。

2. 一般存款账户

（1）一般存款账户的概念及使用范围。

一般存款账户是指存款人因借款或者其他结算需要，在基本存款账户开户银行以外的银行营业机构开立的银行结算账户。

一般存款账户用于办理存款人借款转存、借款归还和其他结算的资金收付。该账户可以办理现金缴存，但不得办理现金支取。

（2）一般存款账户的开户要求。

开立一般存款账户应按照规定的程序办理并提交有关证明文件。存款人申请开立一般存款账户，应向银行出具其开立基本存款账户规定的证明文件、基本存款账户开户登记证和下列证明文件：存款人因向银行借款需要，应出具借款合同；存款人因其他结算需要，应出具有关证明。

3. 专用存款账户

（1）专用存款账户的概念及使用范围。

专用存款账户是指存款人按照法律、行政法规和规章，对其特定用途资金进行专项管理和使用而开立的银行结算账户。

专用存款账户用于办理各项专用资金的收付，适用于基本建设资金，更新改造资金，财政预算外资金，粮、棉、油收购资金，证券交易结算资金，期货交易保证金，信托基金，金融机构存放同业资金，政策性房地产开发资金，单位银行卡备用金，住房基金，社会保障基金，收入汇缴资金，业务支出资金，党、团、工会设在单位的组织机构经费，其他需要专项管理和使用的资金。

（2）专用存款账户开户要求。

存款人申请开立专用存款账户，应向银行出具其开立基本存款账户规定的证明文件、基本存款账户开户登记证和下列证明文件：

基本建设资金、更新改造资金、政策性房地产开发资金、住房基金、社会保障基金，应出具主管部门批文；财政预算外资金，应出具财政部门的证明；粮、棉、油收购资金，应出具主管部门批文；单位银行卡备用金，应按照中国人民银行批准的银行卡章程的规定出具有关证明和资料；证券交易结算资金，应出具证券公司或证券管理部门的证明；期货交易保证金，应出具期货公司或期货管理部门的证明；金融机构存放同业资金，应出具其证明；收入汇缴资金和业务支出资金，应出具基本存款账户存款人有关的证明；党、团、工会设在单位的组织机构经费，应出具该单位或有关部门的批文或证明；其他按规定需要专项管理和使用的资金，应出具符合有关法规、规章或政府部门的有关文件。

4. 临时存款账户

（1）临时存款账户的概念及使用范围。

临时存款账户是指存款人因临时需要并在规定期限内使用而开立的银行结算账户。临时存款账户用于办理临时机构以及存款人临时经营活动发生的资金收付。

（2）临时存款账户开户要求。

存款人申请开立临时存款账户，应向银行出具下列证明文件：

临时机构，应出具其驻在地主管部门同意设立临时机构的批文；异地建筑施工及安装单位，应出具其营业执照正本或其隶属单位的营业执照正本、施工及安装地建设主管部门核发的许可证或建筑施工及安装合同，以及基本存款账户开户登记证；异地从事临时经营活动的单位，应出具其营业执照正本、临时经营地工商行政管理部门的批文，以及基本存款账户开户登记证。

5. 个人银行结算账户

（1）个人银行结算账户的概念及使用范围。

个人银行结算账户是指自然人因投资、消费、结算等开立的可办理支付结算业务的存款账户。

个人银行结算账户用于办理转账收付和现金存取，储蓄账户仅限于办理现金存取业务，不得办理转账结算。下列款项可以转入个人银行结算账户：工资、奖金收入；稿费、演出费等劳务收入；债券、期货、信托等投资的本金和收益；个人债券和产权转让收益；个人贷款转存；证券交易结算资金和期货交易保证金；继承、赠与款项；保险理赔、保费退款等款项；纳税退还；农、副、矿产品销售收入；其他合法款项。

（2）个人银行结算账户开户要求。

存款人申请开立个人银行结算账户，应向银行出具下列证明文件：

中国内地居民，应出具居民身份证或临时身份证；中国人民解放军军人，应出具军人身份证件；中国人民武装警察，应出具武警身份证件；中国香港、澳门居民，应出具港澳居民往来内地通行证；中国台湾地区居民，应出具台湾居民来往内地通行证或者其他有效旅行证件；外国公民，应出具护照；法律、法规和国家有关文件规定的其他有效证件。

6. 异地银行结算账户

（1）异地银行结算账户的概念和使用范围。

异地银行结算账户是指存款人符合法定条件，根据需要在异地开立银行结算账户。

存款人有下列情形之一的，可以在异地开立有关银行结算账户：

营业执照注册地与经营地不在同一行政区域（跨省、市、县），需要开立基本存款账户的；办理异地借款和其他结算需要开立一般存款账户的；存款人因附属的非独立核算单位或派出机构发生的收入汇缴或业务支出需要开立专用存款账户的；异地临时经营活动需要开立临时存款账户的；自然人根据需要在异地开立个人银行结算账户的。异地银行结算账户的使用应按照开设的不同账户的使用规定进行使用。

（2）异地银行结算账户开立要求。

开立异地银行结算账户除应按照前述规定的程序办理并提交有关证明文件外，存款人还应出具下列相应的证明文件：

经营地与注册地不在同一行政区域的存款人，在异地开立基本存款账户的，应出具注册地中国人民银行分支行的未开立基本存款账户的证明；异地借款的存款人，在异地开立一般存款账户的，应出具在异地取得贷款的借款合同及基本存款账户开户许可证；因经营需要在异地办理收入汇缴和业务支出的存款人，在异地开立专用存款账户的，应出具隶属单位的证明及基本存款账户开户许可证。

二、银行结算账户管理的基本原则

银行结算账户管理应当遵循以下基本原则：

（1）一个基本账户原则。存款人只能在银行开立一个基本存款账户，不能多头开立基本存款账户。

（2）自主选择原则。存款人可以自主选择银行开立账户，除法律、法规和国务院规定外，任何单位和个人不得强令存款人在指定银行开立银行结算账户。

（3）守法合规原则。银行结算账户的开立和使用应当遵守法律、行政法规，不得利用银行结算账户进行各种违法犯罪活动。

（4）存款信息保密原则。银行应依法为存款人的银行结算账户信息保密，对单位或者个人银行结算账户的存款和有关资料，除国家法律、行政法规另有规定外，银行有权拒绝任何单位或个人查询。

三、银行结算账户的开立、变更和撤销

（一）银行结算账户的开立

存款人开立银行结算账户时，应填写开户申请书，并提交有关证明文件。银行应对存款人的开户申请书填写的事项和证明文件的真实性、完整性、合规性进行认真审查。银行与存款人签订银行结算账户管理协议，明确双方的权利和义务。银行审查后符合开立账户条件的，应办理开户手续，并履行向中国人民银行当地分支行备案的义务；需要核准的，应及时报送中国人民银行当

地分支行核准。

开户申请书填写的事项齐全，符合开立基本存款账户、临时存款账户和预算单位专用存款账户条件的，银行应将存款人的开户申请书、相关的证明文件和银行审核意见等开户资料报送中国人民银行当地分支行，经其核准后办理开户手续；符合开立一般存款账户、其他专用存款账户和个人银行结算账户条件的，银行应办理开户手续，并于开户之日起5个工作日内向中国人民银行当地分支行备案。

银行为存款人办理基本存款账户开户手续后，应给存款人出具开户登记证。开户登记证是记载单位银行结算账户信息的有效证明，存款人应按规定使用，并妥善保管。

银行应建立存款人预留签章卡片，并将签章式样和有关证明文件的原件或复印件留存归档。

（二）银行结算账户的变更

存款人银行结算账户有法定变更事项的，应于5个工作日内书面通知开户银行并提供有关证明。开户银行办理变更手续并于2个工作日内向中国人民银行当地分支行报告。

（三）银行结算账户的撤销

存款人有以下情形之一的，应向开户银行提出撤销银行结算账户的申请：

（1）被撤并、解散、宣告破产或关闭的；

（2）注销、被吊销营业执照的；

（3）因迁址，需要变更开户银行的；

（4）其他原因需要撤销银行结算账户的。

存款人有上述第1、2项情形的，应于5个工作日内向开户银行提出撤销银行结算账户的申请。存款人因第1、2项情形撤销基本存款账户的，存款人基本存款账户的开户银行应自撤销银行结算账户之日起2个工作日内将撤销该基本存款账户的情况书面通知该存款人其他银行结算账户的开户银行；存款人其他银行结算账户的开户银行，应自收到通知之日起2个工作日内通知存款人撤销有关银行结算账户；存款人应自收到通知之日起3个工作日内办理其他银行结算账户的撤销。存款人尚未清偿其他开户银行债务的，不得申请撤销该账户。

银行得知存款人有第1、2项情形的，存款人超过规定期限未主动办理撤销银行结算账户手续的，银行有权停止其银行结算账户的对外支付。

未获得工商行政管理部门核准登记的单位，在验资期满后，应向银行申请撤销注册验资临时存款账户，其账户资金应退还给原汇款人账户。注册验资资金以现金方式存入，出资人需提取现金的，应出具缴存现金时的现金缴款单原件及其有效身份证件。

存款人撤销银行结算账户，必须与开户银行核对银行结算账户存款余额、交回各种重要空白票据及结算凭证和开户登记证，银行核对无误后方可办理销户手续。存款人未按规定交回各种重要空白票据及结算凭证的，应出具有关证明，造成损失的，由其自行承担。

银行撤销单位银行结算账户时应在其基本存款账户开户登记证上注明销户日期并签章，同时于撤销银行结算账户之日起2个工作日内，向中国人民银行报告。

银行对一年未发生收付活动且未欠开户银行债务的单位银行结算账户，应通知单位自发出通知之日起30日内办理销户手续，逾期视同自愿销户，未划转款项列入久悬未取专户管理。

四、违反银行账户管理法律制度的法律责任

（一）存款人开立、撤销银行结算账户，不得有下列行为

（1）违反规定开立银行结算账户；

（2）伪造、变造证明文件欺骗银行开立银行结算账户；

（3）违反规定不及时撤销银行结算账户。

非经营性的存款人，有上述所列行为之一的，给予警告并处以 1 000 元的罚款；经营性的存款人有上述所列行为之一的，给予警告并处以 1 万元以上 3 万元以下的罚款；构成犯罪的，移交司法机关依法追究刑事责任。

（二）存款人使用银行结算账户，不得有下列行为

（1）违反规定将单位款项转入个人银行结算账户；

（2）违反规定支取现金；

（3）利用开立银行结算账户逃避银行债务；

（4）出租、出借银行结算账户；

（5）从基本存款账户之外的银行结算账户转账存入、将销货收入存入或现金存入单位信用卡账户；

（6）法定代表人或主要负责人、存款人地址，以及其他开户资料的变更事项，未在规定期限内通知银行。

非经营性的存款人有上述所列 1 至 5 项行为的，给予警告并处以 1 000 元罚款；经营性的存款人有上述所列 1 至 5 项行为的，给予警告并处以 5 000 元以上 3 万元以下的罚款；存款人有上述所列第 6 项行为的，给予警告并处以 1 000 元的罚款。

（三）伪造、变造、私自印制开户登记证的存款人，属非经营性的处以 1 000 元罚款；属经营性的处以 1 万元以上 3 万元以下的罚款；构成犯罪的，移交司法机关依法追究刑事责任

（四）银行在银行结算账户的开立中，不得有下列行为

（1）违反规定为存款人多头开立银行结算账户；

（2）明知或应知是单位资金，而允许以自然人名称开立账户存储。

银行有上述所列行为之一的，给予警告，并处以 5 万元以上 30 万元以下的罚款；对该银行直接负责的高级管理人员、其他直接负责的主管人员、直接责任人员按规定给予纪律处分；情节严重的，中国人民银行有权停止对其开立基本存款账户的核准，责令该银行停业整顿或者吊销经营金融业务许可证；构成犯罪的，移交司法机关依法追究刑事责任。

（五）银行在银行结算账户的使用中，不得有下列行为

（1）提供虚假开户申请资料欺骗中国人民银行许可开立基本存款账户、临时存款账户、预算单位专用存款账户；

（2）开立或撤销单位银行结算账户，未按规定在其基本存款账户开户登记证上予以登记、签章或通知相关开户银行；

（3）违反规定办理个人银行结算账户转账结算；

（4）为储蓄账户办理转账结算；

（5）违反规定为存款人支付现金或办理现金存入；

（6）超过期限或未向中国人民银行报送账户开立、变更、撤销等资料。

银行有上述所列行为之一的，给予警告，并处以 5 000 元以上 3 万元以下的罚款；对该银行直接负责的高级管理人员、其他直接负责的主管人员、直接责任人员按规定给予纪律处分；情节严重的，中国人民银行有权停止对其开立基本存款账户的核准，构成犯罪的，移交司法机关依法追究刑事责任。

第四节　票据结算方式

一、票据结算概述

（一）票据的概念与种类

票据是由出票人依法签发的，约定自己或者委托付款人在见票时或指定的日期向收款人或持票人无条件支付一定金额的有价证券。一般来讲，票据具有信用、支付、汇兑和结算等职能。票据结算是支付结算的重要内容。广义的票据泛指各种有价证券，如债券、股票、提单等。狭义的票据仅指以支付金钱为目的的有价证券，即出票人根据票据法签发的，由自己无条件支付确定金额或委托他人无条件支付确定金额给收款人或持票人的有价证券。本节是指狭义票据。票据一般是指商业上由出票人签发，无条件约定自己或要求他人支付一定金额的可流通转让的有价证券，是持有人具有一定权利的凭证。

在我国，根据《支付结算办法》和《票据法》，票据主要包括银行汇票、商业汇票、银行本票和支票。

（二）票据的特征

1. 票据是债权证券

持票人可以就票据上所载的金额向特定票据债务人行使其请求权，其性质是债权，所以票据是债权证券。

2. 票据是设权证券

所谓设权证券，是指权利的发生必须首先作成证券。票据上所表示的权利，是由出票这种行为而创设，没有票据，就没有票据上的权利。因此，票据是一种设权证券。

3. 票据是文义证券

与票据有关的一切权利和义务，都严格依照票据上记载的文义而定，文义之外的任何理由、事项都不得作为根据。为了保护善意持票人和维护交易安全，票据上记载的文义即使有错，通常也不得依据票据之外的其他证据变更或者补充。

4. 票据是无因证券

无因证券是指证券效力与作成证券的原因完全分离，证券权利的存在和行使，不以作成证券的原因为要件。票据的持票人行使票据权利时，不必证明其取得票据的原因，以及票据权利发生的原因。这些原因存在与否、有效与否，与票据权利原则上互不影响。票据的持票人仅依票据上所载文义就可以请求给付一定金额的货币。

5. 票据是要式证券

票据必须具备法定格式才能有效。除票据法另有规定者外，不具备法定格式的，不发生票据的效力。票据格式表现为票据的必须记载的事项、票据用纸（包括纸质、纸色、尺寸）、书写方法、书写用具及墨水颜色等。法定的必须记载的事项不齐备而又被票据法所不容许的，票据无效；票据用纸、书写等不符合规定的，票据无效。

（三）票据的功能

1. 支付功能

票据可以充当支付工具，代替现金使用。对于当事人来讲，用票据支付可以消除现金携带的不便，克服点钞的麻烦，节省计算现金的时间。

2. 汇兑功能

票据可以代替货币在不同地方之间运送，方便异地之间的支付。如果异地之间使用货币，需要运送或携带，不仅费事费力，而且也不安全，大额货币的运送更是如此。如果只拿着一张票据到异地支付，相对而言既安全又方便。

3. 信用功能

票据当事人可以凭借自己的信誉，将未来才能获得的金钱作为现在的金钱来使用。

4. 结算功能

即债务抵销功能。简单的结算是互有债务的双方当事人各签发一张本票，待两张本票都到到期日即可以相互抵销债务。若有差额，由一方以现金支付。

5. 融资功能

即融通资金或调度资金。票据的融资功能是通过票据的贴现、转贴现和再贴现实现的。

（四）票据行为

票据行为是指票据当事人以发生票据债务为目的的、以在票据上签名或盖章为权利与义务成立要件的法律行为，包括出票、背书、承兑和保证四种。其中，出票是指出票人签发票据并将其交付给收款人的行为；背书是指持票人为将票据权利转让给他人或者将一定的票据权利授予他人行使，而在票据背面或者粘单上记载有关事项并签章的行为；承兑是指汇票付款人承诺在汇票到期日支付汇票金额并签章的行为；保证是指票据债务人以外的人，为担保特定债务人履行票据债务而在票据上记载有关事项并签章的行为。

1. 出票

出票是指出票人签发票据并将其交付给收款人的行为。出票人在票据上的签章不符合《票据法》等规定的，票据无效；承兑人、保证人在票据上的签章不符合《票据法》等规定的，其签章无效，但不影响其他符合规定签章的效力；背书人在票据上的签章不符合《票据法》等规定的，其签章无效，但不影响其前手符合规定签章的效力。

2. 背书

背书是指持票人为将票据权利转让给他人或者将一定的票据权利授予他人行使，而在票据背面或者粘单上记载有关事项并签章的行为。背书按照目的不同分为转让背书和非转让背书。转让背书是以持票人将票据权利转让给他人为目的；非转让背书是将一定的票据权利授予他人行使，包括委托收款背书和质押背书。无论何种目的，都应当记载背书事项并交付票据。

3. 承兑

承兑是指汇票付款人承诺在汇票到期日支付汇票金额并签章的行为。承兑仅适用于商业汇票。承兑不得附有条件；承兑附有条件的，视为拒绝承兑。付款人承兑汇票后，应承担到期付款的责任。

4. 保证

保证是指票据债务人以外的人，为担保特定债务人履行票据债务而在票据上记载有关事项并签章的行为。被保证的票据，保证人应当与被保证人对持票人承担连带责任。保证人为两人以上的，保证人之间承担连带责任。票据到期后得不到付款的，持票人有权向保证人请求付款，保证人应当足额付款。保证人清偿票据债务后，可以行使持票人对被保证人及其前手的追索权。

（五）票据当事人

1. 基本当事人

基本当事人是指在票据作成和交付时就业已存在的当事人，是构成票据法律关系的必要主体，包括出票人、付款人和收款人三种。基本当事人不存在或不完全，票据上的法律关系就不能成立，票据就无效。

（1）出票人，是指以法定方式签发票据并将票据交付给收款人的人。

（2）收款人，是指票据到期后有权收取票据所载金额的人，又称票据权利人。

（3）付款人，是指由出票人委托付款或自行承担付款责任的人。汇票的付款人有两种，商业承兑汇票的付款人是合同中应给付款项的一方当事人，也是该汇票的承兑人；银行承兑汇票的付款人是承兑银行，但是其款项来源还是与该票据有关的合同中应付款方的存款；支票的付款人是出票人的开户银行；本票的付款人就是出票人。

2. 非基本当事人

非基本当事人是指在票据作成并交付后，通过一定的票据行为加入票据关系而享有一定权利、承担一定义务的当事人。包括承兑人、背书人、被背书人、保证人等。

（1）承兑人。承兑人是指接受汇票出票人的付款委托同意承担支付票款义务的人。

（2）背书人与被背书人。背书人是指在转让票据时，在票据背面签字或盖章，并将该票据交付给受让人的票据收款人或持有人；被背书人是指被记名受让票据或接受票据转让的人。

（3）保证人。保证人是指为票据债务提供担保的人，由票据债务人以外的他人担当。除基本当事人外，非基本当事人是否存在，取决于相应票据行为是否发生。

（六）票据权利与责任

1. 票据权利

票据权利是指票据持票人向票据债务人请求支付票据金额的权利，包括付款请求权和追索权。

付款请求权，是指持票人向汇票的承兑人、本票的出票人、支票的付款人出示票据要求付款的权利，是第一顺序权利，又称主要票据权利。行使付款请求权的持票人可以是票据记载的收款人或最后被背书人；担负付款请求权付款义务的主要是主债务人。

票据追索权，是指票据当事人行使付款请求权遭到拒绝或有其他法定原因存在时，向其前手请求偿还票据金额及其他法定费用的权利，是第二顺序权利，又称偿还请求权利。行使追索权的当事人除票据记载的收款人和最后被背书人外，还可能是代为清偿票据债务的保证人、背书人。

2. 票据责任

票据责任是指票据债务人向持票人支付票据金额的责任。票据债务人承担票据义务一般有四种情况：（1）汇票承兑人因承兑而应承担付款义务；（2）本票出票人因出票而承担自己付款的义务；（3）支票付款人在与出票人有资金关系时承担付款义务；（4）汇票、本票、支票的背书人，汇票、支票的出票人、保证人，在票据不获承兑或不获付款时承担付款清偿义务。

二、支票

（一）支票的概念及适用范围

支票是指由出票人签发的、委托办理支票存款业务的银行在见票时无条件支付确定的金额给收款人或者持票人的票据。

单位和个人的各种款项结算，均可以使用支票。2007 年 7 月 8 日，中国人民银行宣布，支票可以实现全国范围内互通使用。

支票的基本当事人包括出票人、付款人和收款人。出票人即存款人，是在经中国人民银行当地分支行批准办理支票业务的银行机构开立可以使用支票存款账户的单位和个人；付款人是出票人的开户银行；持票人是票面上填明的收款人，也可以是经背书转让的被背书人。

支票可以背书转让，但用于支取现金的支票不能背书转让。

（二）支票的种类

按照支付票款的方式不同，支票可分为现金支票、转账支票和普通支票。支票上印有"现金"字样的为现金支票。现金支票只能用于支取现金；支票上印有"转账"字样的为转账支票。转账支票只能用于转账。支票上未印有"现金"或"转账"字样的为普通支票，普通支票可以用于支取现金，也可以用于转账。在普通支票左上角划两条平行线的，为划线支票，划线支票只能用于转账，不能支取现金。上述三种支票都没有金额起点和最高限额。

（三）支票的出票

1. 支票的绝对记载事项

支票的绝对记载事项有六项：（1）表明"支票"的字样；（2）无条件支付的委托；（3）确定的金额；（4）付款人名称；（5）出票日期；（6）出票人签章。其中支票的金额、收款人名称可以由出票人授权补记，未补记前不得背书转让和提示付款。

2. 支票的相对记载事项

支票的相对记载事项有：（1）付款地。支票上未记载付款地的，付款人的营业场所为付款地；（2）出票地。支票上未记载出票地的，出票人的营业场所、住所或者经常居住地为出票地。

此外，支票上可以记载非法定记载事项，但这些事项并不发生支票上的效力。

3. 出票的效力

出票人作成支票并交付之后，对出票人产生相应的法律效力。出票人必须按照签发的支票金额承担保证向该持票人付款的责任。这一责任包括两项：一是出票人必须在付款人处存有足够可处分的资金，以保证支票票款的支付；二是当付款人对支票拒绝付款或者超过支票付款提示期限的，出票人应向持票人承担付款责任。

（四）支票的付款

支票的付款是指付款人根据持票人的请求向其支付支票金额的行为。支票限于见票即付，不得另行记载付款日期，另行记载付款日期的，该记载无效。

1. 提示付款期限

支票的持票人应当自出票日起 10 日内提示付款；异地使用的支票，其提示付款的期限由中国人民银行另行规定。超过提示付款期限提示付款的，付款人可以不予付款；但是付款人不予付款的，出票人仍应当对持票人承担票据责任。

2. 付款

出票人在付款人处的存款足以支付支票金额时，付款人应当在见票当日足额付款。

3. 付款责任的解除

付款人依法支付支票金额的，对出票人不再承担受委托付款的责任，对持票人不再承担付款的责任。但是，付款人以恶意或者有重大过失付款的除外。恶意或者有重大过失付款是指付款人在收到持票人提示的支票时，明知持票人不是真正的票据权利人，支票的背书以及其他签章系属伪造，或者付款人不按照正常的操作程序审查票据等情形。在此情况下，付款人不能解除付款责任。由此造成损失的，由付款人承担赔偿责任。

（五）支票的办理要求

1. 签发支票的要求

（1）签发支票应当使用碳素墨水或墨汁填写，中国人民银行另有规定的除外；

（2）签发现金支票和用于支取现金的普通支票，必须符合国家现金管理的规定；

（3）支票的出票人签发支票的金额不得超过付款时在付款人处实有的存款金额，禁止签发空头支票；

（4）支票的出票人预留银行签章是银行审核支票付款的依据，银行也可以与出票人约定使用支付密码，作为银行审核支付支票金额的条件；

（5）出票人不得签发与其预留银行签章不符的支票；使用支付密码的，出票人不得签发支付密码错误的支票；

（6）出票人签发空头支票、签章与预留银行签章不符的支票，不以骗取财物为目的的，由中国人民银行处以票面金额5%但不低于1 000元的罚款；持票人有权要求出票人赔偿支票金额2%赔偿金。对屡次签发的，银行应停止其签发支票。

2. 兑付支票的要求

（1）持票人可以委托开户银行收款或直接向付款人提示付款。用于支取现金的支票仅限于收款人向付款人提示付款。

（2）持票人委托开户银行收款时，应作委托收款背书，在支票背面背书人签章栏签章，记载"委托收款"字样、背书日期，在被背书人栏记载开户银行名称，并将支票和填制的进账单送交开户银行。

（3）持票人持用于转账的支票向付款人提示付款时，应在支票背面背书人签章栏签章，并将支票和填制的进账单交送出票人开户银行。

收款人持用于支取现金的支票向付款人提示付款时，应在支票背面"收款人签章"处签章，持票人为个人的，还需交验本人身份证件，并在支票背面注明证件名称、号码及发证机关。

三、商业汇票

（一）商业汇票的概念和种类

商业汇票是指由出票人签发的，委托付款人在指定日期无条件支付确定金额给收款人或者持票人的票据。根据承兑人不同，商业汇票分为商业承兑汇票和银行承兑汇票。商业承兑汇票由银行以外的付款人承兑，银行承兑汇票由银行承兑。商业汇票的付款人为承兑人。商业汇票的付款期限，最长不得超过6个月。

（二）商业汇票的出票

1. 出票人的确定

商业汇票的出票人，为在银行开立存款账户的法人以及其他组织，与付款人具有真实的委托付款关系，具有支付汇票金额的可靠资金来源。银行承兑汇票的出票人必须具备下列三个条件：（1）在承兑银行开立存款账户的法人以及其他组织；（2）与承兑银行具有真实的委托付款关系；（3）资信状况良好，具有支付汇票金额的可靠资金来源。

2. 商业汇票的绝对记载事项

签发商业汇票必须记载下列事项，欠缺记载下列事项之一的，商业汇票无效：（1）表明商业承兑汇票或银行承兑汇票的字样；（2）无条件支付的委托；（3）确定的金额；（4）付款人名称；（5）收款人名称；（6）出票日期；（7）出票人签章。

3. 商业汇票的相对记载事项

相对记载事项也是商业汇票上应记载的内容，但是，未在汇票上记载的，并不影响汇票本身的效力，汇票仍然有效，该等未记载的事项可以通过法律的直接规定来补充确定。

相对记载事项的内容主要包括：（1）汇票上未记载付款日期的，视为见票即付；（2）汇票上未记载付款地的，付款人的营业场所、住所或者经常居住地为付款地；（3）汇票上未记载出票地的，出票人的营业场所、住所或者经常居住地为出票地。

此外，汇票上可以记载非法定记载事项，但这些事项不具有汇票上的效力。

4. 商业汇票出票的效力

出票人依照《票据法》的规定完成出票行为之后，即产生票据上的效力。包括：

（1）对收款人的效力。收款人取得出票人发出的汇票后，即取得票据权利，一方面，就票据金额享有付款请求权；另一方面，在该请求权不能满足时，即享有追索权。同时，收款人享有依法转让票据的权利。

（2）对付款人的效力。出票行为是单方行为，付款人并不因此而有付款义务。只是基于出票人的付款委托使其具有承兑人的地位，在其对汇票进行承兑后，即成为汇票上的主债务人。

（3）对出票人的效力。出票人签发汇票后，即承担保证该汇票承兑和付款的责任。出票人在汇票得不到承兑或者付款时，应当向持票人清偿法律规定的金额和费用。即收款人或持票人在向付款人行使票据权利而得不到满足时，出票人必须就此承担票据责任。从法律上讲，该责任是一种担保责任，即担保汇票的承兑和付款。

（三）商业汇票的承兑

承兑是指汇票付款人承诺在汇票到期日支付汇票金额的票据行为。承兑是汇票特有的制度，本票和支票都没有承兑。商业承兑汇票可以由付款人签发并承兑，也可以由收款人签发交由付款人承兑。

1. 承兑的程序

（1）提示承兑。

定日付款或者出票后定期付款的汇票，持票人应当在汇票到期日前向付款人提示承兑；见票后定期付款的汇票，持票人应当自出票日起1个月内向付款人提示承兑；汇票未按规定期限提示承兑的，持票人丧失对其前手的追索权；见票即付的汇票无须提示承兑。

（2）承兑成立。

① 承兑时间。付款人对向其提示承兑的汇票，应当自收到提示承兑的汇票之日起3日内承兑或者拒绝承兑。如果付款人在3日内不作承兑与否表示的，则应视为拒绝承兑。持票人可以请求其作出拒绝承兑证明，向其前手行使追索权。

② 接受承兑。付款人收到持票人提示承兑的汇票时，应当向持票人签发收到汇票的回单。回单上应当记明汇票提示承兑日期并签章。回单是付款人向持票人出具的已收到请求承兑汇票的证明。

③ 承兑的格式。付款人承兑汇票的，应当在汇票正面记载"承兑"字样和承兑日期并签章；见票后定期付款的汇票，应当在承兑时记载付款日期。汇票上未记载承兑日期的，以3天承兑

期的最后一日为承兑日期。与此同时，见票后定期付款的汇票，付款人还应当在承兑时记载付款日期。上列应记载事项必须记载于汇票的正面，而不能记载于汇票的背面或粘单上。

④ 退回已承兑的汇票。付款人依承兑格式填写完毕应记载事项并将已承兑的汇票退回持票人后才产生承兑的效力。

2. 承兑的效力

（1）承兑人于汇票到期日必须向持票人无条件地支付汇票上的金额，否则其必须承担迟延付款责任；（2）承兑人必须对汇票上的一切权利人承担责任，该等权利人包括付款请求权人和追索权人；（3）承兑人不得以其与出票人之间的资金关系来对抗持票人，拒绝支付汇票金额；（4）承兑人的票据责任不因持票人未在法定期限提示付款而解除。

3. 承兑不得附有条件

付款人承兑商业汇票，不得附有条件；承兑附有条件的，视为拒绝承兑。银行承兑汇票的承兑银行，应当按照票面金额向出票人收取万分之五的手续费。

（四）商业汇票的付款

商业汇票的付款，是指付款人依据票据文义支付票据金额，以消灭票据关系的行为。

1. 提示付款

持票人应当按照下列法定期限提示付款：（1）见票即付的汇票，自出票日起 1 个月内向付款人提示付款。（2）定日付款、出票后定期付款或者见票后定期付款的汇票，自到期日起 10 日内向承兑人提示付款。持票人未按照上述规定期限提示付款的，在作出说明后，承兑人或者付款人仍应当继续对持票人承担付款责任。通过委托收款银行或者通过票据交换系统向付款人提示付款的，视同持票人提示付款。

2. 支付票款

持票人按照上述规定向付款人或承兑人进行付款提示后，付款人必须无条件地在当日按票据金额足额支付给持票人。如果付款人或承兑人不能当日足额付款的，应承担迟延付款的责任。

持票人获得付款的，应当在汇票上签收，并将汇票交给付款人。在实践中，持票人和付款人的收款或付款行为往往是通过委托银行代理进行的。受托收款或付款的银行不是汇票的当事人，只是代理人，因此，他们只能依照委托，按汇票上记载的内容进行资金结算。

付款人及其代理付款人付款时，应当审查汇票背书的连续，并审查提示付款人的合法身份证明或者有效证件。如果付款人及其代理付款人以恶意或者有重大过失付款的，应当自行承担责任。如果付款人对定日付款、出票后定期付款或者见票后定期付款的汇票在到期日前付款，由付款人自行承担所产生的责任。

3. 付款的效力

付款人依法足额付款后，全体汇票债务人的责任解除。

（五）商业汇票的背书

商业汇票的背书，是指以转让商业汇票权利或者将一定的商业汇票权利授予他人行使为目的，按照法定的事项和方式在商业汇票背面或者粘单上记载有关事项并签章的票据行为。汇票转让只能采用背书的方式，而不能仅凭单纯交付方式，否则就不产生票据转让的效力。

如果出票人在汇票上记载"不得转让"字样，则该汇票不得转让。对于记载"不得转让"字样的票据，其后手以此票据进行贴现、质押的，通过贴现、质押取得票据的持票人主张票据权利的，人民法院不予支持。如果收款人或持票人将出票人作禁止背书的汇票转让的，该转让不发生票据法上的效力，出票人和承兑人对受让人不承担票据责任。

1. 背书的事项

背书是一种要式行为，必须符合法定的形式。背书的记载事项包括：

（1）背书签章和背书日期的记载。背书由背书人签章并记载背书日期。背书未记载日期的，视为在汇票到期日前背书。背书人背书时，必须在票据上签章，背书才能成立，否则，背书行为无效。

（2）被背书人名称的记载。汇票以背书转让或者以背书将一定的汇票权利授予他人行使时，必须记载被背书人名称。如果背书人未记载被背书人名称即将票据交付他人的，持票人在票据被背书人栏内记载自己的名称与背书人记载具有同等法律效力。

（3）禁止背书的记载。背书人在汇票上记载"不得转让"字样，其后手再背书转让的，原背书人对后手的被背书人不承担保证责任。

（4）背书时粘单的使用。票据凭证不能满足背书人记载事项的需要，可以加附粘单，粘附于票据凭证上。第一位使用粘单的背书人必须将粘单粘接在票据上，并且在汇票和粘单的粘接处签章，否则该粘单记载的内容即为无效。

（5）背书不得记载的内容。背书不得记载的内容有两项：一是附有条件的背书；二是部分背书。背书时附有条件的，所附条件不具有汇票上的效力；部分背书是指背书人在背书时，将汇票金额的一部分或者将汇票金额分别转让给两人以上的背书。将汇票金额的一部分转让的背书或将汇票金额分别转让给两人以上的背书无效。

2. 背书连续

背书连续是指在票据转让中，转让汇票的背书人与受让汇票的被背书人在汇票上的签章依次前后衔接。如果背书不连续，付款人可以拒绝向持票人付款，否则付款人应自行承担责任。

背书连续主要是指背书在形式上连续，如果背书在实质上不连续，如有伪造签章等，付款人仍应对持票人付款。但是，如果付款人明知持票人不是真正票据权利人，则不得向持票人付款，否则应自行承担责任。

3. 法定禁止背书

被拒绝承兑、被拒绝付款或者超过付款提示期限三种情形下的汇票，不得背书转让；背书转让的，背书人应当承担汇票责任。

（六）商业汇票的保证

1. 保证的当事人

保证的当事人为保证人与被保证人。商业汇票的债务可以由保证人承担保证责任。保证应由汇票债务人以外的他人承担，已成为票据债务人的，不得再充当票据上的保证人。

2. 保证的格式

办理保证手续时，保证人必须在汇票或粘单上记载下列事项：（1）表明"保证"的字样；（2）保证人名称和住所；（3）被保证人的名称；（4）保证日期；（5）保证人签章。票据保证事项必须记载于汇票或粘单上，如果另行签订保证合同或保证条款的，不属于票据保证，应当适用《担保法》的有关规定。

保证不得附有条件；附有条件的，所附条件不影响对商业承兑汇票的保证责任。

3. 保证的效力

（1）保证人的责任。保证人对合法取得汇票的持票人所享有的汇票权利，承担保证责任。但是，被保证人的债务因汇票记载事项欠缺而无效的除外。被保证的汇票，保证人应当与被保证人对持票人承担连带责任。汇票到期后得不到付款的，持票人有权向保证人请求付款，保证人应当足额付款。

（2）共同保证人的责任。保证人为两人以上的，保证人之间承担连带责任。也就是说，在共同保证的情况下，持票人可以不分先后向保证人中的一人或者数人或者全体就全部票据金额及有关费用行使票据权利，共同保证人不得拒绝。

（3）保证人的追索权。保证人清偿汇票债务后，可以行使持票人对被保证人及其前手的追索权。

四、银行汇票

（一）银行汇票的概念和适用范围

银行汇票是由出票银行签发的，在见票时按照实际结算金额无条件支付给收款人或者持票人的票据。单位和个人在异地、同城或统一票据交换区域的各种款项结算，均可使用银行汇票。

（二）银行汇票的记载事项

银行汇票的记载事项包括：表明“银行汇票”的字样；无条件支付的承诺；确定的金额；付款人名称；收款人名称；出票日期；出票人签章。

汇票上未记载上述事项之一的，汇票无效。

（三）银行汇票的基本规定

（1）银行汇票可以用于转账，标明现金字样的“银行汇票”也可以提取现金。

（2）银行汇票的付款人为银行汇票的出票银行，银行汇票的付款地为代理付款人或出票人所在地。

（3）银行汇票的出票人在票据上的签章，应为经中国人民银行批准使用的该银行汇票专用章加其法定代表人或其授权经办人的签名或者盖章。

（4）银行汇票的提示付款期限自出票日起一个月内。持票人超过付款期限提示付款的，代理付款人（银行）不予受理。

（5）银行汇票可以背书转让，但填明"现金"字样的银行汇票不得背书转让。银行汇票的背书转让以不超过出票金额的实际结算金额为准。未填写实际结算金额或实际结算金额超过出票金额的银行汇票不得背书转让。

（6）填明"现金"字样和代理付款人的银行汇票丧失，可以由失票人通知付款人或者代理付款人挂失止付。未填明"现金"字样和代理付款人的银行汇票丧失，不得挂失止付。

（7）银行汇票丧失，失票人可以凭人民法院出具的其享有票据权利的证明，向出票银行请求付款或退款。

（四）申办银行汇票的基本程序和规定

（1）申请人使用银行汇票，应向出票银行填写"银行汇票申请书"，填明收款人名称、汇票金额、申请人名称、申请日期等事项并签章，其签章为预留银行印鉴。申请人或收款人为单位的，不得在"银行汇票申请书"上填明"现金"字样。

（2）出票银行受理银行汇票申请书，收妥款项后签发银行汇票，并用压数机压印出票金额，将银行汇票和解讫通知一并交给申请人。

（3）签发转账银行汇票，不得填写代理付款人名称，但由中国人民银行代理兑付银行汇票的商业银行，向设有分支机构地区签发转账银行汇票的除外。

（4）申请人应将银行汇票和解讫通知一并交付给汇票上记明的收款人。

（5）银行汇票的实际结算金额低于出票金额的，其多余金额由出票银行退交申请人。

（6）申请人因银行汇票超过付款提示期限或其他原因要求退款时，应将银行汇票和解讫通知同时提交到出票银行，并提供本人身份证件或单位证明。对于代理付款银行查询要求退款的银行汇票，应在汇票提示付款期满后方能办理退款。申请人缺少解讫通知要求退款的，出票银行应于银行汇票提示付款期满一个月后办理。

（五）兑付银行汇票的基本程序和规定

（1）收款人受理银行汇票时，应审查下列事项：银行汇票和解讫通知是否齐全、汇票号码和记载的内容是否一致；收款人是否确为本单位或本人；银行汇票是否在提示付款期限内；必须记载的事项是否齐全；出票人签章是否符合规定，是否有压数机压印的出票金额，并与大写出票金额一致；出票金额、出票日期、收款人名称是否更改，更改的其他记载事项是否由原记载人签章证明。

被背书人受理银行汇票时，除审查上述收款人应审查的事项外，还应审查银行汇票是否记载实际结算金额，有无更改，其金额是否超过出票金额；背书是否连续，背书人签章是否符合规定，背书时使用粘单的，是否按规定签章；背书人为个人的，应验证其个人身份证件。

（2）收款人对申请人交付的银行汇票审查无误后，应在出票金额以内，根据实际需要的款项办理结算，并将实际结算金额和多余金额准确、清晰地填入银行汇票和解讫通知的有关栏内。未填明实际结算金额和多余金额或实际结算金额超过出票金额的，银行不予受理。银行汇票的实际结算金额不得更改，更改实际结算金额的银行汇票无效。

（3）持票人向银行提示付款时，必须同时提交银行汇票和解讫通知，缺少任何一联，银行不予受理。在银行开立存款账户的持票人向开户银行提示付款时，应在汇票背面"持票人向银行提示付款签章"处签章，签章须与预留银行签章相同，并将银行汇票和解讫通知、进账单送交开户银行，银行审查无误后办理转账。

（4）持票人超过期限向代理付款银行提示付款不获付款的，必须在票据权利时效内向出票银行作出说明，并提供本人身份证件或单位证明，持银行汇票和解讫通知向出票银行请求付款。

五、银行本票

（一）银行本票的概念

银行本票是银行签发的，承诺自己在见票时无条件支付确定的金额给收款人或者持票人的票据。

（二）银行本票的适用范围

单位和个人在同一票据交换区域需要支付的各种款项，均可以使用银行本票。银行本票可以用于转账，注明"现金"字样的银行本票可以用于支取现金。

（三）银行本票的记载事项

签发银行本票必须记载下列事项：表明"银行本票"的字样；无条件支付的承诺；确定的金额；收款人的名称；出票日期；出票人签章。欠缺上列内容之一的，银行本票无效。申请人或收款人为单位的，不得申请签发现金银行本票。

任意记载的事项，本票可任意记载的事项与汇票的记载事项相同，目的均在于提高本票的信用和保证其流通的顺利进行。包括：本票到期后的利率、利息的计算，本票是否允许转让，是否缩短付款的提示期限，在发生拒绝付款时，对其他债务人通知事项的约定。

（四）银行本票的提示付款期限

银行本票的提示付款期限自出票日起最长不得超过 2 个月。持票人超过付款期限提示付款的，代理付款人不予受理。本票的持票人未按照规定期限提示见票的，丧失对出票人以外的前手的追索权。

第五节　银　行　卡

一、银行卡的概念与分类

（一）银行卡的概念

银行卡是指经批准由商业银行（含邮政金融机构）向社会发行的具有消费信用、转账结算、存取现金等全部或部分功能的信用支付工具。

银行卡减少了现金和支票的流通，使银行业务突破了时间和空间的限制，发生了根本性变化。银行卡自动结算系统的运用，使一个"无支票、无现金社会"将成为现实。

（二）银行卡的分类

1. 按照发行主体是否在境内分为境内卡和境外卡

境内卡是指由境内商业银行发行的，既可以在境内使用，也可以在境外使用的银行卡；境外卡是指由境外设立的外资金融机构或外资非金融机构发行的，可以在境内使用的银行卡。

境内卡按照发行对象的不同分为个人卡和单位卡。个人卡是指发卡银行向个人发行的银行卡；单位卡是指发卡银行向企业、机关、事业单位和社会团体法人签发的，并由法人授权特定人使用的银行卡。

2. 按照是否给予持卡人授信额度分为信用卡和借记卡

信用卡是指发卡银行向持卡人签发的，给予持卡人一定信用额度，持卡人可以在信用额度内先消费、后还款的银行卡；信用卡按照是否向发卡银行交存备用金分为贷记卡和准贷记卡。贷记卡是指发卡银行给予持卡人一定的信用额度，持卡人可以在信用额度内先消费、后还款的信用卡，它具有透支消费、期限内还款可免息等特点。准贷记卡是指持卡人必须先按照发卡银行要求交存一定金额备用金，当备用金余额不足支付时，可以在规定的信用额度内透支的信用卡。

借记卡是指发卡银行向持卡人签发的，没有信用额度，持卡人先存款、后使用的银行卡。借记卡不能透支。

3. 按照账户币种的不同分为人民币卡、外币卡和双币种卡

人民币卡是指存款、信用额度均为人民币，并且应当以人民币偿还的银行卡；外币卡是指存款、信用额度均为外币，并且应当以外币偿还的银行卡；双币种卡是指存款、信用额度同时有人民币和外币两个账户的银行卡。

4. 按信息载体不同分为磁条卡和芯片卡

磁条卡是以液体磁性材料或磁条为信息载体，将液体磁性材料涂覆在卡片上（如存折）或将宽约614mm的磁条压贴在卡片上（如常见的银联卡）。芯片卡容量大，其工作原理类似于微型计算机，能够同时具备多种功能。芯片卡又分为纯芯片卡和磁条芯片复合卡，现在正以其高安全性和多功能应用成为全球银行卡的发展趋势。

二、银行卡账户与交易

（一）银行卡交易的基本规定

（1）单位人民币卡可办理商品交易和劳务供应款项的结算，但不得透支。单位卡不得支取现金。

（2）发卡银行应当遵守下列信用卡业务风险控制指标：同一持卡人单笔透支发生额个人卡不得超过2万元（含等值外币）、单位卡不得超过5万元（含等值外币）。同一账户月透支余额个人卡不得超过5万元（含等值外币），单位卡不得超过发卡银行对该单位综合授信额度的3%。无综合授信额度可参照的单位，其月透支余额不得超过10万元（含等值外币）。外币卡的透支额度不得超过持卡人保证金（含储蓄存单质押金额）的80%。

（3）持卡人透支消费享受免息还款期和最低还款额待遇的条件和标准等，由发卡机构自主确定。

（4）发卡银行通过下列途径追偿透支款项和诈骗款项：扣减持卡人保证金、依法处理抵押物和质押物；向保证人追索透支款项；通过司法机关的诉讼程序进行追偿。

（二）银行卡的资金来源

单位卡在使用过程中，需要向其账户续存资金的，一律从其基本存款账户转账存入，不得交存现金，不得将销货收入的款项存入其账户。个人人民币卡账户的资金以其持有的现金存入或以其工资性款项、属于个人的合法的劳务报酬、投资回报等收入转账存入。

（三）银行卡的计息和收费

1. 计息

（1）发卡银行对借记卡（不含储值卡）账户内的存款，按照中国人民银行规定的同期同档次存款利率及计息办法计付利息。

（2）发卡银行对储值卡（含 IC 卡的电子钱包）内的币值不计付利息。

（3）免息还款期和最低还款额待遇。

贷记卡持卡人非现金交易享受如下优惠条件：

第一，免息还款期待遇。银行记账日至发卡行规定的到期还款日之间为免息还款期。

第二，最低还款额待遇。持卡人在到期还款日前偿还所使用全部银行款项有困难的，可按发卡行规定的最低还款额还款。

（4）利率标准。

对信用卡透支利率实行上限和下限管理，透支利率上限为日利率万分之五，透支利率下限为日利率万分之五的 0.7 倍。信用卡透支的计结息方式，以及对信用卡溢缴款是否计付利息及其利率标准，由发卡机构自主确定。

发卡机构应在信用卡协议中以显著方式提示信用卡利率标准和计结息方式。

2. 收费

收费是指商业银行办理银行卡收单业务向商户收取结算手续费。

银行卡收单业务是指签约商业银行向商户提供的本外币资金结算服务。

3. 违约金和服务费用

对信用卡持卡人违约逾期未还款的行为，发卡机构应与持卡人通过协议约定是否收取违约金，以及相关收取方式和标准。发卡机构向持卡人提供超过授信额度用卡服务的，不得收取超限费。发卡机构对向持卡人收取的违约金和年费、取现手续费、货币兑换费等服务费用不得计收利息。

4. 信用卡预借现金业务

信用卡预借现金业务包括现金提取、现金转账和现金充值。其中，现金提取，是指持卡人通过柜面和自动柜员机（ATM）等自助机具，以现钞形式获得信用卡预借现金额度内资金；现金转账，是指持卡人将信用卡预借现金额度内资金划转到本人银行结算账户；现金充值，是指持卡人将信用卡预借现金额度内资金划转到本人在非银行支付机构开立的支付账户。

持卡人通过 ATM 等自助机具办理现金提取业务，每卡每日累计不得超过人民币 1 万元；持卡人通过柜面办理现金提取业务、通过各类渠道办理现金转账业务的每卡每日限额，由发卡机构与持卡人通过协议约定；发卡机构可自主确定是否提供现金充值服务，并与持卡人协议约定每卡每日限额。发卡机构不得将持卡人信用卡预借现金额度内资金划转至其他信用卡，以及非持卡人的银行结算账户或支付账户。

5. 非本人授权交易的处理

持卡人提出伪卡交易和账户盗用等非本人授权交易时，发卡机构应及时引导持卡人留存证据，按照相关规则进行差错争议处理，并定期向持卡人反馈处理进度。鼓励发卡机构通过商业保险合作和计提风险补偿基金等方式，依法对持卡人损失予以合理补偿，切实保障持卡人合法权益。

（四）银行卡申领、注销和挂失

1. 银行卡的申领

凡在中国境内金融机构开立基本存款账户的单位，可凭中国人民银行核发的开户许可证申领单位卡。单位卡可申领若干张，持卡人资格由申领单位法定代表人或其委托的代理人书面指定和注销。凡具有完全民事行为能力的公民，可凭本人有效身份证件及发卡银行规定的相关证明文件申领个人卡。个人卡的主卡持卡人，可为其配偶及年满 18 周岁的亲属申领附属卡，申领的附属卡最多不得超过两张，也有权要求注销其附属卡。

2. 银行卡的注销

持卡人在还清全部交易款项、透支本息和有关费用后，可申请办理销户。销户时，单位卡账户余额转入其基本存款账户，不得提取现金；个人卡账户可以转账结清，也可以提取现金。

针对信用卡，持卡人还清透支本息后，属于下列情况之一的，可以办理销户：（1）信用卡有效期满 45 天后，持卡人不更换新卡的；（2）信用卡挂失满 45 天后，没有附属卡又不更换新卡的；（3）信用卡被列入止付名单，发卡银行已收回其信用卡 45 天的；（4）持卡人死亡，发卡银行已收回其信用卡 45 天的；（5）持卡人要求销户或担保人撤销担保，并已交回全部信用卡 45 天的；（6）信用卡账户两年（含）以上未发生交易的；（7）持卡人违反其他规定，发卡银行认为应该取消资格的。发卡机构调整信用卡利率标准的，应至少提前 45 天通知持卡人。持卡人有权在新利率标准生效之日前选择销户，并按照已签订的协议偿还相关款项。发卡银行办理销户，应当收回信用卡。有效信用卡无法收回的，应当将其止付。

3. 销户时，账户余额的处理

销户时，单位卡账户余额转入其基本存款账户，不得提取现金；个人卡账户可以转账结清，也可以提取现金。

4. 银行卡的挂失

持卡人丧失银行卡，应立即持本人身份证件或其他有效证明，并按规定提供有关情况，向发卡银行或代办银行申请挂失。

第六节　其他结算方式

一、汇兑

（一）汇兑的概念和分类

汇兑是汇款人委托银行将其款项支付给收款人的结算方式。汇兑分为电汇和信汇两种，由汇款人自行选择。

1. 电汇

电汇是汇款人将一定款项交存汇款银行，汇款银行通过电报或电传传给目的地的分行或代理行（汇入行），指示汇入行向收款人支付一定金额的一种汇款方式。

2. 信汇

信汇是汇款人向银行提出申请，同时交存一定金额及手续费，汇出行将信汇委托书以邮寄方式寄给汇入行，授权汇入行向收款人解付一定金额的一种汇兑结算方式。

在这两种汇兑结算方式中，信汇费用较低，但速度相对较慢，而电汇具有速度快的优点，但汇款人要负担较高的电报电传费用，因而通常只在紧急情况下或者金额较大时适用。另外，为了确保电报的真实性，汇出行在电报上加注双方约定的密码；而信汇则不须加密码，签字即可。

汇兑结算适用于各种经济内容的异地提现和结算，可以广泛用于企业向外地的单位、个体经济户和个人支付各种款项。

（二）办理汇兑的程序

1. 签发汇兑凭证

签发汇兑凭证必须记载下列事项：（1）表明"信汇"或"电汇"的字样；（2）无条件支付的委托；（3）确定的金额；（4）收款人名称；（5）汇款人名称；（6）汇入地点、汇入行名称；（7）汇出地点、汇出行名称；（8）委托日期；（9）汇款人签章。

汇兑凭证上欠缺上列记载事项之一的，银行不予受理。汇兑凭证记载的汇款人名称、收款人名称，其在银行开立存款账户的，必须记载其账号。欠缺记载的，银行不予受理。

汇款人和收款人均为个人，需要在汇入银行支取现金的，应在信、电汇凭证的汇款金额大写栏，先填写"现金"字样，后填写汇款金额。

2. 银行受理

汇出银行受理汇款人签发的汇兑凭证，经审查无误后，应及时向汇入银行办理汇款，并向汇款人签发汇款回单。汇款回单只能作为汇出银行受理汇款的依据，不能作为该笔汇款已转入收款人账户的证明。

3. 汇入处理

汇入银行对开立存款账户的收款人，应将汇入款项直接转入收款人账户，并向其发出收账通知。收账通知是银行将款项确已收入收款人账户的凭据。

支取现金的，信、电汇凭证上必须有按规定填明的"现金"字样，才能办理。未填明现金字样，需要支取现金的，由汇入银行按照国家现金管理规定审查支付。

收款人需要委托他人向汇入银行支取款项的，应在取款通知上签章，注明本人身份证件名称、号码、发证机关和代理字样以及代理人姓名。代理人代理取款时，也应在取款通知上签章，注明其身份证件名称、号码及发证机关，并同时交验代理人和被代理人的身份证件。

转账支付的，应由原收款人向银行填制支款凭证，并由本人交验其身份证件办理支付款项。该账户的款项只能转入单位或个体工商户的存款账户，严禁转入储蓄和信用卡账户。转汇的，应由原收款人向银行填制信、电汇凭证，并由本人交验其身份证件。转汇的收款人必须是原收款人。原汇入银行必须在信、电汇凭证上加盖"转汇"戳记。

（三）汇兑的撤销和退汇

1. 汇兑的撤销

汇款人对汇出银行尚未汇出的款项可以申请撤销。申请撤销时，应出具正式函件或本人身份证件及原信、电汇回单。汇出银行查明确未汇出款项的，收回原信、电汇回单，方可办理撤销。

2. 汇兑的退汇

汇款人对汇出银行已经汇出的款项可以申请退汇。转汇银行不得受理汇款人或汇出银行对汇款的撤销或退汇。

对在汇入银行开立存款账户的收款人，由汇款人与收款人自行联系退汇；对未在汇入银行开立存款账户的收款人，汇款人应出具正式函件或本人身份证件以及原信、电汇回单，由汇出银行通知汇入银行，经汇入银行核实汇款确未支付，并将款项退回汇出银行，方可办理退汇；汇入银行对于收款人拒绝接受的汇款，应即办理退汇；汇入银行对于向收款人发出取款通知，经过2个月无法交付的汇款，应主动办理退汇。

二、委托收款

（一）委托收款的概念

委托收款是指收款人委托银行向付款人收取款项的结算方式。单位和个人凭已承兑的商业汇票、债券、存单等付款人债务证明办理款项的结算，均可以使用委托收款结算方式。

委托收款在同城、异地均可以使用，其结算款项的划回方式分为邮寄和电报两种，由收款人选用。前者是以邮寄方式由收款人开户银行向付款人开户银行转送委托收款凭证、提供收款依据的方式，后者则是以电报方式由收款人开户银行向付款人开户银行转送委托收款凭证，提供收款依据的方式。

（二）委托收款的记载事项

（1）表明"委托收款"的字样；

（2）确定的金额；

（3）付款人名称；

（4）收款人名称；

（5）委托收款凭据名称及附寄单证张数；

（6）委托日期；

（7）收款人签章。

委托收款人以银行以外的单位为付款人的，委托收款凭证必须记载付款人开户银行名称。

（三）委托收款的结算规定

1. 委托收款办理方法

收款人办理委托收款应向银行提交委托收款凭证和有关的债务证明；银行接到寄来的委托收款凭证及债务证明，审查无误办理付款。

（1）以银行为付款人的，银行应在当日将款项主动支付给收款人。

（2）以单位为付款人的，银行通知付款人后，付款人应于接到通知当日书面通知银行付款。

银行在办理划款时，付款人存款账户不能足额支付的，应通知被委托银行向收款人发出未付款项通知书。

2. 委托收款的注意事项

（1）付款人审查有关债务证明后，对收款人委托收取的款项有法定拒绝付款情形时，有权提出拒绝付款；

（2）收款人收取公用事业费，必须具有收付双方事先签订的经济合同，由付款人向开户银行授权，并经开户银行同意，报经中国人民银行当地分支行批准，可以使用同城特约委托收款。

三、托收承付

（一）托收承付的概念

托收承付是指根据购销合同由收款人发货后委托银行向异地付款人收取款项，由付款人向银行承付的结算方式。

使用托收承付结算方式的收款单位和付款单位，必须是国有企业、供销合作社以及经营管理较好，并经开户银行审查同意的城乡集体所有制工业企业。

办理托收承付结算的款项，必须是商品交易以及因商品交易而产生的劳务供应的款项。代销、寄销、赊销商品的款项不得办理托收承付结算。

托收承付结算每笔的金额起点为 1 万元，新华书店系统每笔的金额起点为 1 000 元。

（二）托收承付的结算规定

托收承付凭证记载事项有：（1）表明"托收承付"的字样；（2）确定的金额；（3）付款人的名称和账号；（4）收款人的名称和账号；（5）付款人的开户银行名称；（6）收款人的开户银

行名称；（7）托收附寄单证张数或册数；（8）合同名称、号码；（9）委托日期；（10）收款人签章。

使用托收承付结算方式的收款单位和付款单位，必须是国有企业、供销合作社以及经营管理较好，并经开户银行审查同意的城乡集体所有制工业企业。

办理托收承付结算的款项，必须是商品交易以及因商品交易而产生的劳务供应的款项。

收付双方使用托收承付结算方式必须签有符合《合同法》的购销合同，并在合同上订明使用托收承付结算款项方式。

（三）托收承付的办理方法

1. 托收

收款人按照签订的购销合同发货后，应将托收凭证并附发运凭证或其他符合托收承付结算的有关证明和交易单证送交银行。收款人开户银行接到托收凭证及其附件后，应当按照托收的范围、条件和托收凭证记载的要求对其进行审查，必要时还应查验收、付款人签订的购销合同。

电划比邮划速度快，托收方可以根据缓急程度选用。

2. 承付

付款人开户银行收到托收凭证及其附件后，应当及时通知付款人。购货单位承付货款有验单承付和验货承付两种方式。

验单承付期为 3 天，从购货单位开户银行发出通知的次日算起（承付期内遇法定节假日顺延）。验货付款的承付期为 10 天，从运输部门向付款人发出提货通知的次日算起，付款人在承付期内，未向银行表示拒绝付款，银行即视作承付，在承付期满的次日上午将款项划给收款人。

付款方若在验单或验货时发现货物的品种、规格、数量、质量、价格等与合同规定不符，可在承付期内提出全部或部分拒付的意见。拒付款项应填写"拒绝承付理由书"送交其开户银行审查并办理拒付手续。

付款方在承付期满后，如果其银行账户内没有足够的资金承付货款，其不足部分作延期付款处理。延期付款部分要按一定比例支付给收款方赔偿金。待付款方账户内有款项支付时，由付款方开户银行将欠款及赔偿金一并划转给收款人。

托收承付结算方式的结算程序和账务处理方法，与委托收款结算方式基本相同。

3. 托收承付使用中需注意的问题

（1）付款人不得在承付货款中，扣抵其他款项或以前托收的货款；

（2）付款人逾期付款，付款人的开户银行将对付款人予以处罚；

（3）付款人在承付期可以向银行提出全部拒付和部分拒付，但必须填写"拒付理由书"并签章，注明拒付理由；

（4）收款人对被无理拒付的托收款项，在收到退回的结算凭证及其所附单证后，需要委托银行重办托收，应当填写四联"重办托收理由书"，将其中三联连同购销合同、有关证据和退回的原托收凭证及交易单证一并送交银行。

四、国内信用证

（一）国内信用证的概念

国内信用证（简称"信用证"）是适用于国内贸易的一种支付结算方式，是开证银行依照申请人（购货方）的申请向受益人（销货方）开出的有一定金额、在一定期限内凭信用证规定的单据支付款项的书面承诺。

我国信用证为不可撤销、不可转让的跟单信用证。不可撤销信用证，是指信用证开具后在有效期内，非经信用证各有关当事人（即开证银行、开证申请人和受益人）的同意，开证银行不得修改或者撤销的信用证；不可转让信用证，是指受益人不能将信用证的权利转让给他人的信用证。

（二）国内信用证的结算方式

国内信用证结算方式只适用于国内企业之间商品交易产生的货款结算，并且只能用于转账结算，不得支取现金。

（三）国内信用证办理的基本程序

1. 开证

（1）开证申请。开证申请人使用信用证时，应委托其开户银行办理开证业务。开证申请人申请办理开证业务时，应当填具开证申请书、信用证申请人承诺书并提交有关购销合同。

（2）受理开证。开证行决定受理开证业务时，应向申请人收取不低于开证金额 20% 的保证金，并可根据申请人资信情况要求其提供抵押、质押或由其他金融机构出具保函。

信用证的基本条款包括：开证行名称及地址；开证日期；信用证编号；不可撤销、不可转让信用证；开证申请人名称及地址；受益人名称及地址（受益人为有权收取信用证款项的人，一般为购销合同的供方）；通知行名称（通知行为受开证行委托向受益人通知信用证的银行）；信用证有效期及有效地点（信用证有效期为受益人向银行提交单据的最迟期限，最长不得超过 6 个月；信用证的有效地点为信用证指定的单据提交地点，即议付行或开证行所在地）；交单期（交单期为提交运输单据的信用证所注明的货物装运后必须交单的特定日期）；信用证金额；付款方式（即期付款、延期付款或议付）；运输条款；货物描述（包括货物名称、数量、价格等）；单据条款（必须注明据以付款或议付的单据，至少包括发票、运输单据或货物收据）；其他条款；开证行保证文句。

2. 通知

通知行收到信用证，应认真审核。审核无误的，应填制信用证通知书，连同信用证交付受益人。

3. 议付

议付，是指信用证指定的议付行在单证相符条件下，扣除议付利息后向受益人给付对价的行为。议付行必须是开证行指定的受益人开户行。议付仅限于延期付款信用证。

议付行议付后，应将单据寄开证行索偿资金。议付行议付信用证后，对受益人具有追索权。到期不获付款的，议付行可从受益人账户收取议付金额。

4. 付款

受益人在交单期或信用证有效期内向开证行交单收款，开证行对议付行寄交的委托收款凭证、单据及寄单通知书或受益人开户行寄交的凭证、单据等审核无误后，对即期付款信用证，从申请人账户收取款项支付给受益人；对延期付款信用证，应向议付行或受益人发出到期付款确认书，并于到期日从申请人账户收取款项支付给议付行或受益人。

申请人交存的保证金及其存款账户余额不足支付的，开证行仍应在规定的付款时间内进行付款。对不足支付的部分作逾期贷款处理。对申请人提供抵押、质押、保函等担保的，按《中华人民共和国担保法》的有关规定索偿。

第七节　网上支付

近年来，随着互联网技术的纵深发展，网上支付方式产生并得到快速发展。网上支付是电子支付的一种形式，它是指电子交易的当事人，包括消费者、商户、银行或者支付机构，使用电子支付手段通过信息网络进行的货币支付或资金流转。网上支付的主要方式是网上银行和第三方支付。

与传统的支付方式相比，网上支付具有方便、快捷、高效、经济的优势。用户只要拥有一台能上网的电脑或其他移动设备，便可足不出户，随时随地通过互联网迅捷地完成整个支付过程，且费用低廉。网上支付还可以完全突破时间和空间的限制，满足"7×24 小时"（每周 7 天，每天 24 小时）连续运行的工作模式。虽然网上支付还存在安全、技术及服务等方面的问题，但随着网络支付法律法规和安全支付协议的进一步完善，网上支付将在我国非现金支付工具体系中发挥越来越重要的作用。

一、网上银行

（一）网上银行的概念

网上银行（Internet bank or E-bank），也称网络银行，简称网银，就是银行在互联网上设立虚拟银行柜台，使开户、查询、对账、转账、信贷、网上证券、投资理财等传统银行服务不再通过物理的银行分支机构来实现，而是借助于网络与信息技术手段在互联网上实现。由于它不受时间、空间限制，能够在任何时间（Anytime）、任何地点（Anywhere），以任何方式（Anyway）为客户提供金融服务，因此，网上银行又被称为"3A 银行"。

与传统银行业务相比，网上银行业务具有无可比拟的竞争优势。开办网上银行业务，主要利用公共网络资源，不需设置物理的分支机构或营业网点，可以大大降低银行的经营成本，有效提高银行的盈利能力；网上银行业务打破了传统银行业务的时空限制，非常方便、快捷、高效，既有利于吸引和保留优质客户，又能主动扩大客户群，开辟新的利润来源。

（二）网上银行的分类

1. 按经营模式分为单纯网上银行和分支型网上银行

单纯网上银行是完全依赖于互联网的虚拟的电子银行，它没有实际的物理柜台，一般只有一个办公地址，没有分支机构，也没有营业网点，采用互联网等高科技服务手段与客户建立密切的联系，为客户提供全方位的金融服务。

分支型网上银行是指现有的传统银行利用互联网开展传统的银行业务，即传统银行利用互联网作为新的服务手段为客户提供在线服务，实际上是传统银行服务在互联网上的延伸。这是当前网上银行的主要形式。

2. 按主要服务对象分为企业网上银行和个人网上银行

企业网上银行主要服务于企事业单位，企事业单位可以通过企业网络银行实时了解财务状况，及时调度资金，轻松处理工资发放和大批量的网络支付业务。

个人网上银行主要服务于个人，个人可以通过个人网络银行实时查询、转账，进行网络支付和汇款。

（三）网上银行的主要功能

1. 企业网上银行的功能

（1）账户信息查询。账户信息查询业务能够为企业客户提供账户信息的网上在线查询、网上下载和电子邮件发送账务信息等服务，包括账户的昨日余额、当前余额、当日明细和历史明细等。

（2）支付指令。支付指令业务能够为客户提供集团、企业内部各分支机构之间的账务往来，同时也能提供集团、企业之间的账务往来，并且支持集团、企业向他行账户进行付款。

（3）B2B（Business to Business）网上支付。B2B，即企业之间进行的电子商务活动。B2B网上支付业务能够为客户提供网上B2B支付平台。

（4）批量支付。批量支付业务能够为企业客户提供批量付款（包括同城、异地及跨行转账业务）、代发工资、一付多收等批量支付功能。企业客户负责按银行要求的格式生成数据文件，通过安全通道传送给银行，银行负责系统安全及业务处理，并将处理结果反馈给客户。

2. 个人网上银行的功能

（1）账户信息查询。系统为客户提供信息查询功能，能够查询银行卡的人民币余额和活期一本通的不同币种的钞、汇余额；提供银行卡在一定时间段内的历史明细数据查询；下载包含银行卡、活期一本通一定时间段内的历史明细数据的文本文件；查询使用信用卡进行网上支付后的支付记录。

（2）人民币转账业务。系统能够提供个人客户本人的或与他人的银行卡之间的卡卡转账服务。系统在转账功能上严格控制了单笔转账最大限额和当日转账最大限额，使客户的资金安全有一定的保障。

（3）银证转账业务。银行卡客户在网上能够进行银证转账，可以实现银转证、证转银、查询证券资金余额等功能。

（4）外汇买卖业务。客户通过网上银行系统能够进行外汇买卖，主要可以实现外汇即时买卖、外汇委托买卖、查询委托明细、查询外汇买卖历史明细、撤销委托等功能。

（5）账户管理业务。系统提供客户对本人网上银行各种权限功能、客户信息的管理以及账户的挂失。

（6）B2C（Business to Customer）网上支付。B2C，商业机构对消费者的电子商务，指的是企业与消费者之间进行的在线式零售商业活动（包括网上购物和网上拍卖等）。个人客户在申请开通网上支付功能后，能够使用本人的银行卡进行网上购物后的电子支付。通过账户管理功能，客户还能够随时选择使用哪一张银行卡来进行网上支付。

（四）网上银行主要业务流程及交易时的身份认证

1. 客户开户流程

客户开通网上银行有两种方式：一是客户前往银行柜台办理；二是客户先网上自助申请，后到柜台签约。开户时，必须出具身份证或有关证件，并遵守有关实名制规定。

2. 网上交易

网上银行的具体交易流程如下：

（1）客户使用浏览器通过互联网连接到网银中心，发出网上交易请求。

（2）网银中心接收并审核客户的交易请求，并将交易请求转发给相应成员行的业务主机。

（3）成员行业务主机完成交易处理，并将处理结果返回给网银中心。

（4）网银中心对交易结果进行再处理后，返回相应信息给客户。

3. 交易时的身份认证

交易时，银行采用下列方式验证用户的身份：

（1）密码。密码和账号相符即可成功交易。

（2）文件数字证书。文件数字证书安装在电脑中，已安装的用户只需输入密码即可，未安装的则无法付款。

（3）动态口令卡。交易时，银行会随机询问口令卡上某行某列的数字，正确地输入对应的数字便可成功付款。

（4）动态手机口令。交易时，银行会向客户预留的手机发送短信，输入收到的短信便可成功付款。

（5）移动口令牌。付款时只需按移动口令牌上的键，就会出现当前代码，一分钟内在网上银行付款时可以凭此编码付款。

（6）移动数字证书。如工行的 U 盾，农行的 K 宝，建行的网银盾，光大银行的阳光网盾等。

二、第三方支付

（一）第三方支付的概念

第三方支付是指经过中国人民银行批准从事第三方支付业务的非银行支付机构，借助通信、计算机和信息安全技术，采用与各大银行签约的方式，在用户与银行支付结算系统间建立连接的电子支付模式（其中通过手机端进行的，称为移动支付）。第三方支付，本质上是一种新型的支付手段，是互联网技术与传统金融支付的有机融合。目前国内的第三方支付品牌主要有支付宝、银联商务、拉卡拉、财付通、盛付通、易票联支付、易宝支付、快钱、捷诚宝等。

根据中国人民银行的有关规定，非金融机构提供支付服务，应当取得《支付业务许可证》，成为支付机构。未经中国人民银行批准，任何非金融机构和个人不得从事或变相从事支付业务。

使用第三方支付，可以有效规避交易双方付款而收不到货物或者收到的货物不符合要求或者发货后收不到货款的风险；对银行而言，也可以借以迅速扩展业务范围，节省为大量中小企业提供网关接口的开发和维护费用。

（二）第三方支付方式种类

1. 线上支付

线上支付是指通过互联网实现的用户和商户之间、商户和商户之间的在线货币支付、资金清算等行为。线上支付有广义和狭义之分，狭义的线上支付仅指通过第三方支付平台实现的互联网在线支付，包括网上支付和移动支付中的远程支付。广义的线上支付包括直接使用网上银行进行的支付，以及通过第三方支付平台间接使用网上银行进行的支付。

2. 线下支付

线下支付是指通过非线上支付方式进行的支付行为，新兴线下支付的具体表现形式，包括 POS 机刷卡支付、拉卡拉等自助终端支付、电话支付、手机近端支付、电视支付等。

（三）第三方支付交易流程及其身份验证

1. 开户

使用第三方支付，客户必须在支付机构平台上开立账户，向支付机构平台提供银行卡、身份证等有关信息。

支付机构应当遵循"了解你的客户"原则,建立健全客户身份识别机制。支付机构为客户开立支付账户的,应当对客户实行实名制管理,登记并采取有效措施验证客户身份基本信息,按规定核对有效身份证件并留存有效身份证件复印件或者影印件,建立客户唯一识别编码,并在与客户业务关系存续期间采取持续的身份识别措施,确保有效核实客户身份及其真实意愿,不得开立匿名、假名支付账户。支付账户不得透支,不得出借、出租、出售,不得利用支付账户从事或者协助他人从事非法活动。

2. 账户充值

客户开户后,将银行卡和支付账户绑定。付款前,将银行卡中的资金转入支付账户,是为"充值"。

3. 收、付款

客户下单后,付款时,通过支付平台将自己支付账户中的虚拟资金划转到支付平台暂存,待客户收到商品并确认后,支付平台会将款项划转到商家的支付账户中,支付行为完成。收款人需要资金时,可以将账户中的虚拟资金再转入银行,兑成实体的银行存款。

4. 交易时的身份认证

支付机构可以组合选用下列三类要素,对客户使用支付账户付款进行身份验证:

(1)仅客户本人知悉的要素,如静态密码等;

(2)仅客户本人持有并特有的,不可复制或者不可重复利用的要素,如经过安全认证的数字证书、电子签名,以及通过安全渠道生成和传输的一次性密码等;

(3)客户本人生理特征要素,如指纹等。

支付机构应当确保采用的要素相互独立,部分要素的损坏或者泄露不应导致其他要素损坏或者泄露。

第三方支付的具体支付流程示例（以支付宝为例）：

（1）消费者即客户在电子商务网站（如淘宝网、京东商城等）选购商品，下订单，与该商品的卖家在网上达成交易意向。

（2）消费者选择支付宝作为交易中介，使用自己的借记卡或信用卡将资金划到自己的支付宝账户，形成支付宝"余额"（即充值），再使用自己的支付宝账户余额付款（此时"付款"，款项并非直接转到商家的支付宝账户，而是暂时保存在支付宝平台），并设定发货期限。

（3）支付宝平台收到货款后，通知商家，告知消费者已经付款，要求商家在规定时间内发货。

（4）商家收到支付宝平台关于消费者已付款的通知后按消费者所下订单发货，并在网站上做相应记录，消费者可在网站上查看自己所购买的商品出库、发货等状态（如果已经发货，后续还会显示物流状况）；如果商家没有按照规定的时间发货，则支付宝平台会通知顾客交易失败，并询问是将货款划回顾客的支付宝账户还是暂存在支付宝平台。

（5）消费者收到货物并确认后，支付宝平台便将暂存在平台的款项划转到商家的支付宝账户，交易完成（如果消费者对商品不满意，或者不是自己所要的规格等，或认为与商家承诺不符，可通知支付宝平台拒付货款并将货物退回商家，消费者已经支付的货款会退回自己的支付宝账户）。商户需要资金时，可以将自己支付宝账户中的虚拟资金再转到银行，兑成实体的银行存款取出。

（四）　第三方支付机构及支付账户管理规定

（1）支付机构应根据客户身份对同一客户在本机构开立的所有支付账户进行关联管理，并按照下列要求对个人支付账户进行分类管理：

① 对于以非面对面方式通过至少一个合法安全的外部渠道进行身份基本信息验证，且为首次在本机构开立支付账户的个人

客户，支付机构可以为其开立Ⅰ类支付账户，账户余额仅可用于消费和转账，余额付款交易自账户开立起累计不超过1 000元（包括支付账户向客户本人同名银行账户转账）；

② 对于支付机构自主或委托合作机构以面对面方式核实身份的个人客户，或以非面对面方式通过至少三个合法安全的外部渠道进行身份基本信息多重交叉验证的个人客户，支付机构可以为其开立Ⅱ类支付账户，账户余额仅可用于消费和转账，其所有支付账户的余额付款交易年累计不超过10万元（不包括支付账户向客户本人同名银行账户转账）；

③ 对于支付机构自主或委托合作机构以面对面方式核实身份的个人客户，或以非面对面方式通过至少五个合法安全的外部渠道进行身份基本信息多重交叉验证的个人客户，支付机构可以为其开立Ⅲ类支付账户，账户余额可以用于消费、转账以及购买投资理财等金融类产品，其所有支付账户的余额付款交易年累计不超过20万元（不包括支付账户向客户本人同名银行账户转账）。

（2）支付机构办理银行账户与支付账户之间转账业务的，相关银行账户与支付账户应属于同一客户。支付机构应按照与客户的约定及时办理支付账户向客户本人银行账户转账业务，不得对Ⅱ类、Ⅲ类支付账户向客户本人银行账户转账设置限额。

（3）因交易取消（撤销）、退货、交易不成功或者投资理财等金融类产品赎回等原因需划回资金的，相应款项应当划回原扣款账户。

（4）支付机构应根据交易验证方式的安全级别，按照下列要求对个人客户使用支付账户余额付款的交易进行限额管理：

① 支付机构采用包括数字证书或电子签名在内的两类（含）以上有效要素进行验证的交易，单日累计限额由支付机构与客户通过协议自主约定；

② 支付机构采用不包括数字证书、电子签名在内的两类

（含）以上有效要素进行验证的交易，单个客户所有支付账户单日累计金额应不超过5 000元（不包括支付账户向客户本人同名银行账户转账）；

③支付机构采用不足两类有效要素进行验证的交易，单个客户所有支付账户单日累计金额应不超过1 000元（不包括支付账户向客户本人同名银行账户转账），且支付机构应当承诺无条件全额承担此类交易的风险损失赔付责任。

课 后 习 题

一、单项选择题

1. 下列各项中，属于狭义票据的是（　　）。

　　A. 股票　　　B. 债券　　　C. 提单　　　D. 支票

答案：D

2. 下列各项中，属于票据基本当事人的是（　　）。

　　A. 出票人　　B. 背书人　　C. 保证人　　D. 被背书人

答案：A

3. 下列各项中，属于票据非基本当事人的是（　　）。

　　A. 出票人　　B. 付款人　　C. 收款人　　D. 背书人

答案：D

4. 下列各项中，属于商业汇票绝对记载事项的是（　　）。

　　A. 背书日期　B. 付款日期　C. 出票日期　D. 保证日期

答案：C

5. 下列各项中，属于商业汇票相对记载事项的是（　　）。

　　A. 出票日期　　　　　　　B. 收款人名称

　　C. 付款日期　　　　　　　D. 出票人签章

答案：C

6. 下列各项中，属于根据购销合同由收款人发货后委托银行向异地付款人收取款项，由付款人向银行承认付款的结算方式是（　　　）。

　　A. 汇兑　　　　B. 信用证　　C. 委托收款　D. 托收承付

答案：D

7. 下列关于支票提示付款期限的表述中，正确的是（　　　）。

　　A. 支票的持票人应当自出票日起 7 日内提示付款

　　B. 异地使用的支票，其提示付款的期限由中国人民银行另行规定

　　C. 超过提示付款期限提示付款的，付款人仍必须付款

　　D. 超过提示付款期限提示付款的，出票人不再对持票人承担票据责任

答案：B

8. 下列关于承兑的表述中，正确的是（　　　）。

　　A. 汇票、本票和支票都有承兑

　　B. 商业承兑汇票只能由付款人签发并承兑

　　C. 商业承兑汇票只能由收款人签发交由付款人承兑

　　D. 承兑是指汇票付款人承诺在汇票到期日支付汇票金额的票据行为

答案：D

9. 下列关于商业汇票提示付款的表述中，正确的是（　　　）。

　　A. 定日付款的汇票自到期日起 10 日内向承兑人提示付款

　　B. 见票即付的汇票，自出票日起 7 日内向付款人提示付款

　　C. 出票后定期付款的汇票自到期日起 20 日内向承兑人提示付款

　　D. 见票后定期付款的汇票自到期日起 30 日内向承兑人

提示付款

答案：A

10. 下列关于银行汇票提示付款期的表述中，正确的是
（　　）。

    A. 银行汇票的提示付款期限自出票日起 7 日内

    B. 银行汇票的提示付款期限自出票日起 10 日内

    C. 银行汇票的提示付款期限自出票日起 60 日内

    D. 银行汇票的提示付款期限自出票日起一个月内

答案：D

11. 下列关于银行本票提示付款期限的表述中，正确的是
（　　）。

    A. 银行本票的提示付款期限自出票日起最长不得超过 1
       个月

    B. 银行本票的提示付款期限自出票日起最长不得超过 2
       个月

    C. 银行本票的提示付款期限自出票日起最长不得超过 3
       个月

    D. 银行本票的提示付款期限自出票日起最长不得超过 6
       个月

答案：B

二、多项选择题

1. 下列各项中，属于现金结算特点的有（　　）。

    A. 直接便利   B. 不安全性

    C. 费用较高   D. 不易宏观控制和管理

答案：ABCD

2. 下列各项中，属于现金结算渠道的有（　　）。

    A. 付款人直接将现金支付给收款人

B. 付款人委托银行将现金支付给收款人

C. 付款人委托非金融机构将现金支付给收款人

D. 付款人委托非银行金融机构将现金支付给收款人

答案：ABCD

3. 下列各项中，属于现金结算范围的有（　　）。

A. 职工工资、津贴

B. 结算起点以下的零星支出

C. 向个人收购农副产品和其他物资的价款

D. 根据国家规定颁发给个人的科学技术、文化艺术、体育等各种奖金

答案：ABCD

4. 下列关于支付结算特征的表述中，正确的有（　　）。

A. 支付结算必须依法进行

B. 支付结算是一种要式行为

C. 支付结算的发生取决于委托人的意志

D. 支付结算必须通过中国人民银行批准的金融机构进行

答案：ABCD

5. 下列关于支付结算基本原则的表述中，正确的有（　　）。

A. 银行垫款原则

B. 银行不垫款原则

C. 恪守信用，履约付款原则

D. 谁的钱进谁的账、由谁支配原则

答案：BCD

6. 下列各项中，属于办理支付结算基本要求的有（　　）。

A. 办理支付结算必须按统一的规定开立和使用账户

B. 票据和结算凭证上的签章和记载事项必须真实，不得变造伪造

C. 办理支付结算必须使用中国人民银行统一规定的票据

和结算凭证

  D. 填写票据和结算凭证应当全面规范，做到数字正确，要素齐全，不错不漏，字迹清楚，防止涂改

答案：ABCD

7. 下列关于银行结算账户的表述中，正确的有（ ）。

  A. 基本存款账户是存款人因办理日常转账结算和现金收付需要开立的银行结算账户

  B. 一般存款账户是存款人因临时需要并在规定期限内使用而开立的银行结算账户

  C. 专用存款账户是存款人按照法律、行政法规和规章，对有特定用途资金进行专项管理和使用而开立的银行结算账户

  D. 临时存款账户是存款人因借款和其他结算需要，在基本存款账户开户银行以外的银行营业机构开立的银行结算账户

答案：AC

8. 下列各项中，属于银行结算账户管理应当遵循的基本原则有（ ）。

  A. 自主选择原则   B. 守法合规原则

  C. 一个基本账户原则 D. 存款信息保密原则

答案：ABCD

9. 下列情形中，存款人应向开户银行提出撤销银行结算账户申请的有（ ）。

  A. 注销、被吊销营业执照的

  B. 因迁址，需要变更开户银行的

  C. 被撤并、解散、宣告破产或关闭的

  D. 其他原因需要撤销银行结算账户的

答案：ABCD

10. 下列关于票据特征的表述中，正确的有（　　）。

　　A. 票据所表示的权利与票据不可分离

　　B. 票据出票人作出的付款承诺是无条件的

　　C. 票据是一种有价证券，具有一定的票面金额

　　D. 票据是出票人作出的到期向持票人支付一定金额的承诺

答案：ABCD

11. 下列各项中，属于票据功能的有（　　）。

　　A. 汇兑功能　　　　　　　B. 信用功能

　　C. 结算功能　　　　　　　D. 融资功能

答案：ABCD

12. 下列各项中，属于票据行为的有（　　）。

　　A. 出票　　B. 背书　　C. 承兑　　D. 保证

答案：ABCD

13. 下列关于出票规定的表述中，正确的有（　　）。

　　A. 出票人在票据上的签章不符合《票据法》等规定的，
　　　　票据无效

　　B. 承兑人、保证人在票据上的签章不符合《票据法》
　　　　等规定的，其签章无效，但不影响其他符合规定签
　　　　章的效力

　　C. 背书人在票据上的签章不符合《票据法》等规定的，
　　　　其签章无效，但不影响其前手符合规定签章的效力

　　D. 承兑人、保证人和背书人在票据上的签章不符合
　　　　《票据法》等规定的，其签章无效，且影响其前手符
　　　　合规定签章的效力

答案：ABC

14. 下列各项中，属于票据权利的有（　　）。

　　A. 追索权　　　　　　　　B. 诉讼权

　　C. 付款请求权　　　　　　D. 收款请求权

答案：AC

15. 下列关于票据责任的表述中，正确的有（　　）。

A. 汇票承兑人因承兑而应承担付款义务

B. 本票出票人因出票而承担自己付款的义务

C. 支票付款人在与出票人有资金关系时承担付款义务

D. 汇票、本票、支票的背书人，汇票、支票的出票人、保证人，在票据不获承兑或不获付款时承担付款清偿义务

答案：ABCD

16. 下列各项中，属于我国《票据法》中规定的按照支付票款的方式划分的支票种类有（　　）。

A. 现金支票
B. 转账支票

C. 普通支票
D. 划线支票

答案：ABC

17. 下列各项中，属于支票绝对记载事项的有（　　）。

A. 无条件支付的委托

B. 表明"支票"的字样

C. 出票日期及出票人签章

D. 确定的金额及付款人名称

答案：ABCD

18. 下列各项中，属于支票相对记载事项的有（　　）。

A. 付款地
B. 出票地

C. 出票日期
D. 出票人签章

答案：AB

19. 下列情况中，付款人付款责任不能解除的有（　　）。

A. 付款人依法支付票据金额

B. 付款人不按照正常的操作程序审查票据

C. 付款人在收到持票人提示的支票时，明知支票的背

书以及其他签章系属伪造依然支付票据金额

  D. 付款人在收到持票人提示的支票时，明知持票人不是真正的票据权利人依然支付票据金额

答案：BCD

20. 下列各项中，属于签发支票要求的有（ ）。

  A. 禁止签发空头支票

  B. 签发支票可以使用圆珠笔填写

  C. 出票人不得签发与其预留银行签章不符的支票

  D. 签发现金支票和用于支取现金的普通支票，必须符合国家现金管理的规定

答案：ACD

21. 下列各项中，属于兑付支票要求的有（ ）。

  A. 持票人可以委托开户银行收款或直接向付款人提示付款，用于支取现金的支票仅限于收款人向付款人提示付款

  B. 持票人持用于转账的支票向付款人提示付款时，应在支票背面背书人签章栏签章，并将支票和填制的进账单交送出票人开户银行

  C. 收款人持用于支取现金的支票向付款人提示付款时，应在支票背面"收款人签章"处签章，持票人为个人的，还需交验本人身份证件，并在支票背面注明证件名称、号码及发证机关

  D. 持票人委托开户银行收款时，应作委托收款背书，在支票背面背书人签章栏签章，记载"委托收款"字样、背书日期，在被背书人栏记载开户银行名称，并将支票和填制的进账单送交开户银行

答案：ABCD

22. 下列关于商业承兑汇票的表述中，正确的有（ ）。

A. 商业汇票的付款期限，最长不得超过6个月

B. 商业汇票的提示付款期限，自汇票到期日起10日内

C. 根据承兑人不同，商业汇票分为商业承兑汇票和银行承兑汇票

D. 商业承兑汇票由银行以外的付款人承兑，银行承兑汇票由银行承兑

答案：ABCD

23. 下列各项中，属于银行承兑汇票的出票人必须具备的条件有（　　）。

A. 与承兑银行具有战略合作伙伴关系

B. 与承兑银行具有真实的委托付款关系

C. 在承兑银行开立存款账户的法人以及其他组织

D. 资信状况良好，具有支付汇票金额的可靠资金来源

答案：BCD

24. 下列关于商业汇票的相对记载事项表述中，正确的有（　　）。

A. 汇票上未记载付款日期的，视为见票即付

B. 汇票上未记载付款地的，付款人的营业场所、住所或者经常居住地为付款地

C. 汇票上未记载出票地的，出票人的营业场所、住所或者经常居住地为出票地

D. 相对记载事项也是商业汇票上应记载的内容，但是，未在汇票上记载的，并不影响汇票本身的效力，汇票仍然有效

答案：ABCD

25. 下列各项中，属于商业汇票的出票效力的有（　　）。

A. 对收款人的效力　　　　B. 对付款人的效力

C. 对出票人的效力　　　　D. 对背书人的效力

答案：ABC

26. 下列关于商业汇票提示承兑的表述中，正确的有（　　）。

　　A. 见票即付的汇票无须提示承兑

　　B. 汇票未按规定期限提示承兑的，持票人丧失对其前手的追索权

　　C. 定日付款或者出票后定期付款的汇票，持票人应当在汇票到期日前向付款人提示承兑

　　D. 见票后定期付款的汇票，持票人应当自出票日起1个月内向付款人提示承兑

答案：ABCD

27. 下列各项中，属于提示承兑商业汇票的有（　　）。

　　A. 定日付款的商业汇票

　　B. 见票后定期付款的商业汇票

　　C. 出票后定期付款的商业汇票

　　D. 汇票上没有记载付款日期的商业汇票

答案：ABC

28. 下列关于商业汇票承兑效力的表述中，正确的有（　　）。

　　A. 承兑人的票据责任不因持票人未在法定期限提示付款而解除

　　B. 承兑人不得以其与出票人之间的资金关系来对抗持票人，拒绝支付汇票金额

　　C. 承兑人必须对汇票上的一切权利人承担责任，该等权利人包括付款请求权人和追索权人

　　D. 承兑人于汇票到期日必须向持票人无条件地支付汇票上的金额，否则其必须承担迟延付款责任

答案：ABCD

29. 下列关于商业汇票保证的表述中，正确的有（　　）。

　　A. 票据保证必须做成于汇票或粘单上

　　B. 保证人为两人以上的，保证人之间承担连带责任

C. 保证不得附有条件，附有条件的，所附条件不影响对商业承兑汇票的保证责任

D. 保证应由汇票债务人以外的他人承担，已成为票据债务人的，不得再充当票据上的保证人

答案：ABCD

30. 下列各项中，属于银行汇票记载事项的有（　　　　）。

A. 出票日期　　　　　　　　B. 付款人名称

C. 出票人签章　　　　　　　D. 表明"银行汇票"的字样

答案：ABCD

31. 下列关于银行汇票基本规定的表述中，正确的有（　　　　）。

A. 填明"现金"字样的银行汇票不得背书转让

B. 银行汇票丧失后失票人可以凭人民法院出具的其享有票据权利的证明向出票银行请求付款或退款

C. 填明"现金"字样和代理付款人的银行汇票丧失后可以由失票人通知付款人或者代理付款人挂失止付

D. 银行汇票的出票人在票据上的签章，应为经中国人民银行批准使用的该银行汇票专用章加其法定代表人或其授权经办人的签名或者盖章

答案：ABCD

32. 下列各项中，属于银行本票必须记载事项的有（　　　　）。

A. 出票人签章　　　　　　　B. 收款人的名称

C. 无条件支付的承诺　　　　D. 表明"银行本票"的字样

答案：ABCD

33. 下列关于信用卡使用的表述，正确的有（　　　　）。

A. 免息还款期最长为60天

B. 发卡银行对于贷记卡中的存款不计付利息

C. 贷记卡的首月最低还款额不得低于其当月透支余额的20%

  D. 信用卡不得用于 10 万元以上的商品交易、劳务供应
　　　款项结算，不得支取现金

  答案：ABD

三、判断题（请判断每小题的表述是否正确，表述正确的，划"√"；表述错误的，划"×"）

  1. 现金使用的限额由开户行根据单位的实际需要核定，一般按照单位 5~7 天日常零星开支所需确定。　　　　（　　）

  答案：×

  2. 支付结算方面的法律、法规和制度，主要包括：《票据法》、《票据管理实施办法》、《支付结算办法》、《现金管理暂行条例》、《中国人民银行银行卡业务管理办法》、《人民币银行结算账户管理办法》、《异地托收承付结算办法》、《电子支付指引（第一号）》等。　　　　　　　　　　　　（　　）

  答案：√

  3. 个人银行结算账户是指自然人、法人和其他组织因投资、消费、结算等而开立的可办理支付结算业务的存款账户。　（　　）

  答案：×

  4. 伪造、变造、私自印制开户登记证的存款人处以 1 万元以上 3 万元以下的罚款。　　　　　　　　　　　　　　（　　）

  答案：×

  5. 票据是由出票人依法签发的，约定自己或者委托付款人在见票时或指定的日期向收款人或持票人无条件支付一定金额的有价证券。　　　　　　　　　　　　　　　　　　（　　）

  答案：√

  6. 票据行为是指票据当事人以发生票据债务为目的的、以在票据上签名或盖章为权利与义务成立要件的法律行为。（　　）

  答案：√

7. 出票是指出票人签发票据并将其交付给付款人的行为。

（　　）

答案：×

8. 背书是指持票人为将票据权利转让给他人或者将一定的票据权利授予他人行使，而在票据背面或者粘单上记载有关事项并签章的行为。（　　）

答案：√

9. 背书按照目的不同分为转让背书和非转让背书。（　　）

答案：√

10. 承兑既可以附有条件，也可以不附条件。（　　）

答案：×

11. 保证是指票据债务人以外的人，为担保特定债务人履行票据债务而在票据上记载有关事项并签章的行为。（　　）

答案：√

12. 保证不得附有条件，附有条件的，不影响对汇票的保证责任。（　　）

答案：√

13. 票据的当事人包括基本当事人和非基本当事人。（　　）

答案：√

14. 票据基本当事人是指在票据做成并交付后，通过一定的票据行为加入票据关系而享有一定权利、承担一定义务的当事人。（　　）

答案：×

15. 票据非基本当事人是指在票据做成和交付时就业已存在的当事人。（　　）

答案：×

16. 出票人是指以法定方式签发票据并将票据交付给收款人的人。（　　）

答案：√

17. 收款人，是指票据到期后有权收取票据所载金额的人，又称票据权利人。　　　　　　　　　　　　　　（　　）

答案：√

18. 付款人是指由出票人委托付款或自行承担付款责任的人。　　　　　　　　　　　　　　　　　　　　　　（　　）

答案：√

19. 承兑人是指接受汇票出票人的付款委托同意承担支付票款义务的人。　　　　　　　　　　　　　　　　　（　　）

答案：√

20. 背书人是指在转让票据时，在票据背面签字或盖章，并将该票据交付给受让人的票据收款人或持有人；被背书人是指被记名受让票据或接受票据转让的人。　　　　　　　（　　）

答案：√

21. 保证人是指为票据债务提供担保的人，由票据债务人以外的他人担当。　　　　　　　　　　　　　　　　（　　）

答案：√

22. 票据权利是指票据持票人向票据债务人请求支付票据金额的权利。　　　　　　　　　　　　　　　　　　（　　）

答案：√

23. 支票是指由出票人签发的、委托办理支票存款业务的银行在见票时无条件支付确定的金额给收款人或者持票人的票据。

（　　）

答案：√

24. 单位和个人的各种款项结算，均可以使用支票。（　　）

答案：√

25. 支票上印有"现金"字样的为现金支票，现金支票只能用于支取现金。　　　　　　　　　　　　　　　　　（　　）

答案：√

26. 支票上印有"转账"字样的为转账支票，转账支票只能用于转账。 （ ）

答案：√

27. 支票上未印有"现金"或"转账"字样的为普通支票，普通支票可以用于支取现金，也可以用于转账。 （ ）

答案：√

28. 在普通支票左上角划两条平行线的，为划线支票，划线支票只能用于转账，不能支取现金。 （ ）

答案：√

29. 支票的金额、收款人名称可以由出票人授权补记，未补记前不得背书转让和提示付款。 （ ）

答案：√

30. 支票上未记载付款地的，付款人的营业场所、住所或者经常居住地为付款地。 （ ）

答案：×

31. 支票上未记载出票地的，出票人的营业场所、住所或者经常居住地为出票地。 （ ）

答案：√

32. 出票人签发的支票金额超过其付款时在付款人处实有的存款金额的，为空头支票。 （ ）

答案：√

33. 出票人签发空头支票、签章与预留银行签章不符的支票，银行应予以退票，并按票面金额处以10%但不低于1 000元的罚款。 （ ）

答案：×

34. 出票人做成支票并交付之后，对出票人产生相应的法律效力。出票人必须按照签发的支票金额承担保证向该持票人付款

的责任。　　　　　　　　　　　　　　　　　　（　　　）

答案：√

35. 支票的付款是指付款人根据持票人的请求向其支付支票金额的行为。　　　　　　　　　　　　　　　　（　　　）

答案：√

36. 出票人在付款人处的存款足以支付支票金额时，付款人应当在见票次日足额付款。　　　　　　　　　　（　　　）

答案：×

37. 商业汇票是指由出票人签发的，委托付款人在指定日期无条件支付确定金额给收款人或者持票人的票据。　（　　　）

答案：√

38. 收款人取得出票人发出的汇票后，即取得票据权利，一方面，就票据金额享有付款请求权；另一方面，在该请求权不能满足时，即享有追索权。同时，收款人享有依法转让票据的权利。　　　　　　　　　　　　　　　　　　（　　　）

答案：√

39. 出票行为是单方行为，付款人并不因此而有付款义务。只是基于出票人的付款委托使其具有承兑人的地位，在其对汇票进行承兑后，即成为汇票上的主债务人。　　　　（　　　）

答案：√

40. 出票人签发汇票后，即承担保证该汇票承兑和付款的责任。出票人在汇票得不到承兑或者付款时，应当向持票人清偿法律规定的金额和费用。　　　　　　　　　　　（　　　）

答案：√

41. 付款人对向其提示承兑的汇票，应当自收到提示承兑的汇票之日起 5 日内承兑或者拒绝承兑。　　　　　（　　　）

答案：×

42. 付款人承兑商业汇票，应当在汇票背面记载"承兑"字

样和承兑日期并签章。 ( )

答案：×

43. 付款人承兑商业汇票，不得附有条件；承兑附有条件的，视为拒绝承兑。 ( )

答案：√

44. 商业汇票的背书，是指以转让商业汇票权利或者将一定的商业汇票权利授予他人行使为目的，按照法定的事项和方式在商业汇票背面或者粘单上记载有关事项并签章的票据行为。 ( )

答案：√

45. 单位和个人在异地、同城或统一票据交换区域的各种款项结算，均可使用银行汇票。 ( )

答案：√

46. 持票人向银行提示付款时，必须同时提交银行汇票和解讫通知，缺少任何一联，银行不予受理。 ( )

答案：√

47. 银行本票是出票银行签发的，承诺自己在见票时无条件支付确定的金额给收款人或者持票人的票据。 ( )

答案：√

48. 单位和个人在同一票据交换区域或者非同一票据交换区域需要支付各种款项，均可以使用银行本票。 ( )

答案：×

49. 委托收款在同城、异地均可以使用。 ( )

答案：√

50. 办理托收承付的收款单位和付款单位可以是国有单位或者私营企业。 ( )

答案：×

51. 我国信用证为不可撤销、不可转让的跟单信用证。 ( )

答案：√

第三章 税收法律制度

第一节 税收概述

一、税收的概念与分类

（一）税收概念与作用

1. 税收的概念

税收是国家为了满足一般社会共同需要，凭借政治权力，按照国家法律规定的标准，强制、无偿地取得财政收入的一种特定的分配形式。

2. 税收的作用

（1）税收是国家组织财政收入的主要形式和工具，在保证和实现财政收入方面具有重要的作用。

（2）税收是国家调控经济运行的重要手段。国家可以通过设置税种、调整税目和税率、加成征收或减免税收等方式，有效调节社会生产、交换、分配和消费，促进社会经济的健康发展。

（3）税收具有维护国家政权的作用。国家政权是税收产生和存在的必要条件，而国家政权的存在又依赖于税收的存在。没有税收，国家机器就不可能有效运转。

（4）税收是国际经济交往中维护国家利益的可靠保证。在国际交往中，任何国家对在本国境内从事生产、经营的外国企业或个人都拥有税收管辖权，这是国家权益的具体体现。

（二）税收的特征

1. 强制性

强制性是指国家以社会管理者身份，用法律形式对征、纳双方权利与义务的制约。

2. 无偿性

无偿性是指国家征税对具体纳税人既不需要直接偿还，也不付出任何形式的直接报酬。无偿性是税收的关键特征，它使税收区别于国债等财政收入形式。

3. 固定性

固定性是指国家征税必须通过法律形式，事先规定课税对象和课征额度，税收的固定性特征，是税收区别于罚没、摊派等财政收入形式的重要特征。

（三）税收的分类

（1）按征税对象分类，可将全部税收划分为流转税、所得税、财产税、资源税和行为税五种类型。

① 流转税。

流转税是指以货物或劳务的流转额为征税对象的一类税收。我国现行的增值税、消费税和关税等都属于流转税类。

② 所得税。

所得税也称收益税，是指以纳税人的各种所得额为课税对象的一类税收。现阶段，我国所得税类主要包括企业所得税、个人所得税等。

③ 财产税。

财产税是以纳税人所拥有或支配的特定财产为征税对象的一类税收。我国现行的房产税、契税、车船税等属于财产税类。

④ 资源税。

资源税是以自然资源和某些社会资源作为征税对象的一类税

收。我国现行的资源税、土地增值税和城镇土地使用税等属于此类。

⑤ 行为税。

行为税也称特定目的税，是指国家为了实现特定目的，以纳税人的某些特定行为为征税对象的一类税收。车辆购置税、城市维护建设税等属于此类税收。

（2）按征收管理的分工体系分类，可分为工商税类、关税类。

① 工商税类。

工商税类由税务机关负责征收管理，是我国现行税制的主体部分。

② 关税类。

关税类是国家授权海关对出入关境的货物和物品为征税对象的一类税收。

（3）按照税收征收权限和收入支配权限分类，可分为中央税、地方税和中央地方共享税。

① 中央税。

中央税是指由中央政府征收和管理使用或者地方政府征税后全部划解中央，由中央所有和支配的税收。消费税（含进口环节由海关代征的部分）、关税、车辆购置税、海关代征的进口环节增值税等为中央税。

② 地方税。

地方税是由地方政府征收、管理和支配的一类税收。地方税主要包括城镇土地使用税、耕地占用税、土地增值税、房产税、车船税、契税等。

③ 中央与地方共享税。

中央与地方共享税是指税收收入由中央和地方政府按比例分享的税收。如增值税、企业所得税和个人所得税等。

（4）按照计税标准不同分类，可分为从价税、从量税和复合税。

① 从价税。

从价税是以课税对象的价格作为计税依据，一般实行比例税率和累进税率，税收负担比较合理。如我国现行的增值税、企业所得税、个人所得税等税种。

② 从量税。

从量税是以课税对象的实物量作为计税依据征收的一种税，一般采用定额税率。如我国现行的车船税、土地使用税、消费税中的啤酒和黄酒等。

③ 复合税。

复合税是指对征税对象采用从价和从量相结合的计税方法征收的一种税，如我国现行的消费税中对卷烟、白酒等征收的消费税。

二、税法及其构成要素

（一）税法的概念

税法是指税收法律制度，是国家权力机关和行政机关制定的用以调整国家与纳税人之间在税收征纳方面的权利与义务关系的法律规范的总称，是国家法律的重要组成部分。

（二）税法的分类

1. 按税法的功能作用不同，分为税收实体法和税收程序法

（1）税收实体法是规定税收法律关系主体的实体权利、义务的法律规范总称。税收实体法具体规定了各种税种的征收对象、征收范围、税目、税率、纳税地点等。如《企业所得税法》、《个人所得税法》就属于实体法。

（2）税收程序法是税务管理方面的法律规范。税收程序法主要包括税收管理法、纳税程序法、发票管理法、税务机关组织法、税务争议处理法等。

2. 按照主权国家行使税收管辖权不同，分为国内税法、国际税法、外国税法

（1）国内税法是指一国在其税收管辖权范围内，调整国家与纳税人之间权利义务关系的法律规范的总称，是由国家立法机关和经由授权或依法律规定的国家行政机关制定的法律、法规和规范性文件。

（2）国际税法是指两个或两个以上的课税权主体对跨国纳税人的跨国所得或财产征税形成的分配关系，并由此形成国与国之间的税收分配形式，主要包括双边或多边国家间的税收协定、条约和国际惯例。

（3）外国税法是指外国各个国家制定的税收法律制度。

3. 按税法法律级次不同，分为税收法律、税收行政法规、税收行政规章和税收规范性文件

（1）税收法律（狭义的税法），由全国人民代表大会及其常务委员会制定。如《企业所得税法》、《个人所得税法》、《税收征收管理法》。

（2）税收行政法规，是由国务院制定的有关税收方面的行政法规和规范性文件。

（3）税收规章和税收规范性文件——由国务院财税主管部门（财政部、国家税务总局、海关总署和国务院关税税则委员会）根据法律和国务院行政法规或者规范性文件的要求，在本部门权限范围内发布的有关税收事项的规章和规范性文件，包括命令、通知、公告、通告、批复、意见、函等文件形式。

（三）税法的构成要素

税法的构成要素，是指各种单行税法具有的共同的基本要素的总称。一般包括征税人、纳税义务人、征税对象、税目、税率、计税依据、纳税环节、纳税期限、纳税地点、减免税和法律责任等项目。其中，纳税义务人、征税对象、税率是构成税法的

三个最基本的要素。

1. 征税人

征税人是指代表国家行使征税权的各级税务机关和其他征税机关。征税人可能因税种的不同而有所不同。

2. 纳税义务人

纳税义务人是指税法规定的直接负有纳税义务的自然人、法人或其他组织。

3. 征税对象

征税对象，也称课税对象，是指对什么征税。征税对象包括物或行为。征税对象是各个税种之间相互区别的根本标志，不同的征税对象构成不同的税种。

4. 税目

税目是征税对象的具体化，各个税种所规定的具体征税项目。规定税目的主要目的是明确征税的具体范围和对不同的征税项目加以区分，从而制定高低不同的税率。

5. 税率

税率是指应纳税额与征税对象的比例或者征收额度，它是计算税额的尺度，也是衡量税负轻重与否的重要标志。

我国现行使用的税率主要有比例税率、定额税率、累进税率等。

（1）比例税率，是指对同一征税对象，不论数额大小都按同一比例纳税。

（2）定额税率，又称固定税率。它是当征税对象为实物时使用的税率，是适用于从量计征的税种。通常对那些价格稳定、质量和规格标准比较统一的商品征税。

（3）累进税率，是随税基的增加而按其级距提高的税率，一般适用于对所得和财产征税。我国目前实行的累进税率包括超额累进税率和超率累进税率。我国现行的个人所得税实现的是超额累进税率；土地增值税实现的是超率累进税率。

6. 计税依据

计税依据，也称计税标准、课税依据、课税基数、征税基数或税基，是计算应纳税额的根据。计税依据的数额与应纳税额成正比，计税依据的数额越多，应纳税额也越多。计税依据分为从量计征、从价计征、复合计征三种类型。

（1）从量计征的税收，以征税对象的自然实物量作为计税依据，该项实物量以税法规定的计量标准（重量、体积、面积等）计算。

（2）从价计征的税收，以征税对象的价值量作为计税依据，其价值量为自然实物量与单位价格的乘积。

（3）复合计征指既根据征税对象的实物量又根据其价值量征税。

除了一些特殊性质的税种外，绝大多数的税种都采取从价计征。

7. 纳税环节

纳税环节是指税法规定的征税对象在从生产到消费的流转过程中应当缴纳税款的环节。

8. 纳税期限

纳税期限是税法规定的纳税主体向税务机关缴纳税款的时间期限。纳税期限基本上分为两种：按期纳税和按次纳税。

9. 纳税地点

纳税地点是指纳税人按照税法的规定向税务机关申报纳税的具体地点，主要是指根据各个税种纳税对象的纳税环节和有利于对税款的源泉控制而规定的纳税人（包括代征、代扣、代缴义务人）的具体纳税地点。

10. 减免税

减免税是对某些纳税人或课税对象给予鼓励或照顾的一种特

殊规定。

（1）减税和免税。减税是对应征税款减征一部分；免税是对应征税款全部予以免征。

（2）起征点。又称"征税起点"或"起税点"，是指对征税对象开始征税的起点数额。征税对象的数额达到起征点的就全部数额征税，未达到起征点的不征税。

（3）免征额。免征额是税法规定的课税对象全部数额中免予征税的数额，是对所有纳税人的照顾。

当征税对象的数额小于起征点和免征额时，都不予征税；当征税对象的数额大于起征点时，要对课税对象的全部数额征税；当征税对象的数额大于免征额时，仅对课税对象超过免征额部分征税。

11. 法律责任

税收的法律责任是税收法律关系的主体因违反税法所应当承担的法律后果。

第二节 主要税种

一、增值税

（一）增值税的概念与分类

1. 增值税的概念

增值税是以销售货物、应税服务、无形资产以及不动产过程中产生的增值额作为计税依据而征收的一种流转税。

2. 增值税的分类

（1）生产型增值税。

生产型增值税是指计算增值税时，不允许扣除任何外购的固定资产价值。由于生产型增值税的税基中包含了外购固定资产的价值，对这部分价值存在重复征税问题，客观上它可以抑制企业固定资产投资。

（2）收入型增值税。

收入型增值税是指计算增值税时，对外购固定资产价款只允许扣除计入当期产品价值的折旧费部分。

（3）消费型增值税。

消费型增值税是指在计算增值税时，允许将当期购入的固定资产价值全部扣除。

（二）增值税的征税范围

1. 征税范围的基本规定

（1）销售或者进口货物。

销售货物是指有偿转让货物的所有权。货物是指有形动产，包括电力、热力、气体在内。

（2）提供加工、修理修配劳务。

加工是指受托加工货物，即委托方提供原材料及主要材料，受托方按照委托方的要求制造货物并收取加工费的业务；修理修配是指受托对损伤和丧失功能的货物进行修复，使其恢复原状和功能的业务。

提供加工、修理修配劳务是指有偿提供加工、修理修配劳务，但单位或个体经营者聘用的员工为本单位或雇主提供加工、修理修配劳务，不包括在内。

（3）销售服务、无形资产或者不动产。

销售服务、无形资产或者不动产，是指有偿提供服务、有偿转让无形资产或者不动产，但属于下列非经营活动的情形除外：

① 行政单位收取的同时满足以下条件的政府性基金或者行政事业性收费：由国务院或者财政部批准设立的政府性基金，由国务院或者省级人民政府及其财政、价格主管部门批准设立的行政事业性收费；收取时开具省级以上（含省级）财政部门监（印）制的财政票据；所收款项全额上缴财政。

②单位或者个体工商户聘用的员工为本单位或者雇主提供取得工资的服务。

③单位或者个体工商户为聘用的员工提供服务。

④财政部和国家税务总局规定的其他情形。

2. 销售服务、无形资产、不动产的具体内容

（1）销售服务。

销售服务，是指提供交通运输服务、邮政服务、电信服务、建筑服务、金融服务、现代服务、生活服务。

①交通运输服务。交通运输服务，是指利用运输工具将货物或者旅客送达目的地，使其空间位置得到转移的业务活动。包括陆路运输服务、水路运输服务、航空运输服务和管道运输服务。

陆路运输服务，是指通过陆路（地上或者地下）运送货物或者旅客的运输业务活动，包括铁路运输服务和其他陆路运输服务（包括公路运输、缆车运输、索道运输、地铁运输、城市轻轨运输等）。出租车公司向使用本公司自有出租车的出租车司机收取的管理费用，按照陆路运输服务缴纳增值税。

水路运输服务，是指通过江、河、湖、川等天然、人工水道或者海洋航道运送货物或者旅客的运输业务活动。水路运输的程租、期租业务，属于水路运输服务。程租业务，是指运输企业为租船人完成某一特定航次的运输任务并收取租赁费的业务。期租业务，是指运输企业将配备有操作人员的船舶承租给他人使用一定期限，承租期内听候承租方调遣，不论是否经营，均按天向承租方收取租赁费，发生的固定费用均由船东负担的业务。

航空运输服务，是指通过空中航线运送货物或者旅客的运输业务活动。航空运输的湿租业务，属于航空运输服务。湿租业务，是指航空运输企业将配备有机组人员的飞机承租给他人使用一定期限，承租期内听候承租方调遣，不论是否经营，均按一定标准向承租方收取租赁费，发生的固定费用均由承租方承担的

业务。

管道运输服务，是指通过管道设施输送气体、液体、固体物质的运输业务活动。

② 邮政服务。邮政服务，是指中国邮政集团公司及其所属邮政企业提供邮件寄递、邮政汇兑和机要通信等邮政基本服务的业务活动。包括邮政普遍服务、邮政特殊服务和其他邮政服务。

③ 电信服务。电信服务，是指利用有线、无线的电磁系统或者光电系统等各种通信网络资源，提供语音通话服务，传送、发射、接收或者应用图像、短信等电子数据和信息的业务活动。包括基础电信服务和增值电信服务。

④ 建筑服务。建筑服务，是指各类建筑物、构筑物及其附属设施的建造、修缮、装饰，线路、管道、设备、设施等的安装以及其他工程作业的业务活动。包括工程服务、安装服务、修缮服务、装饰服务和其他建筑服务。

⑤ 金融服务。金融服务，是指经营金融保险的业务活动。包括贷款服务、直接收费金融服务、保险服务和金融商品转让。

⑥ 现代服务。现代服务，是指围绕制造业、文化产业、现代物流产业等提供技术性、知识性服务的业务活动。包括研发和技术服务、信息技术服务、文化创意服务、物流辅助服务、租赁服务、鉴证咨询服务、广播影视服务、商务辅助服务和其他现代服务。

研发和技术服务，包括研发服务、合同能源管理服务、工程勘察勘探服务、专业技术服务。

信息技术服务，包括软件服务、电路设计及测试服务、信息系统服务、业务流程管理服务和信息系统增值服务。

文化创意服务，包括设计服务、知识产权服务、广告服务和会议展览服务。

物流辅助服务，包括航空服务、港口码头服务、货运客运场站服务、打捞救助服务、装卸搬运服务、仓储服务和收派服务。

租赁服务，包括融资租赁服务和经营租赁服务。融资租赁服务，是指具有融资性质和所有权转移特点的租赁活动，按照标的物的不同，融资租赁服务可分为有形动产融资租赁服务和不动产融资租赁服务。经营租赁服务，是指在约定时间内将有形动产或者不动产转让他人使用且租赁物所有权不变更的业务活动，按照标的物的不同，经营租赁服务可分为有形动产经营租赁服务和不动产经营租赁服务。

水路运输的光租业务、航空运输的干租业务，属于经营租赁。光租业务，是指运输企业将船舶在约定的时间内出租给他人使用，不配备操作人员，不承担运输过程中发生的各项费用，只收取固定租赁费的业务活动。干租业务，是指航空运输企业将飞机在约定的时间内出租给他人使用，不配备机组人员，不承担运输过程中发生的各项费用，只收取固定租赁费的业务活动。

鉴证咨询服务，包括认证服务、鉴证服务和咨询服务。翻译服务和市场调查服务按照咨询服务缴纳增值税。

广播影视服务，包括广播影视节目（作品）的制作服务、发行服务和播映（含放映）服务。

商务辅助服务，包括企业管理服务、经纪代理服务、人力资源服务、安全保护服务。

其他现代服务，是指除研发和技术服务、信息技术服务、文化创意服务、物流辅助服务、租赁服务、鉴证咨询服务、广播影视服务和商务辅助服务以外的现代服务。

⑦ 生活服务。生活服务，是指为满足城乡居民日常生活需求提供的各类服务活动。包括文化体育服务、教育医疗服务、旅游娱乐服务、餐饮住宿服务、居民日常服务和其他生活服务。

（2）销售无形资产。

销售无形资产，是指转让无形资产所有权或者使用权的业务活动。无形资产，是指不具实物形态，但能带来经济利益的资产，包括技术、商标、著作权、商誉、自然资源使用权和其他权益性无形资产。

技术，包括专利技术和非专利技术。

自然资源使用权，包括土地使用权、海域使用权、探矿权、采矿权、取水权和其他自然资源使用权。

其他权益性无形资产，包括基础设施资产经营权、公共事业特许权、配额、经营权（包括特许经营权、连锁经营权、其他经营权）、经销权、分销权、代理权、会员权、席位权、网络游戏虚拟道具、域名、名称权、肖像权、冠名权、转会费等。

（3）销售不动产。

销售不动产，是指转让不动产所有权的业务活动。不动产，是指不能移动或者移动后会引起性质、形状改变的财产，包括建筑物、构筑物等。

建筑物，包括住宅、商业营业用房、办公楼等可供居住、工作或者进行其他活动的建造物。

构筑物，包括道路、桥梁、隧道、水坝等建造物。

转让建筑物有限产权或者永久使用权的，转让在建的建筑物或者构筑物所有权的，以及在转让建筑物或者构筑物时一并转让其所占土地的使用权的，按照销售不动产缴纳增值税。

3. 征收范围的特殊规定

（1）视同销售货物。

单位或个体经营者的下列行为，视同销售货物：

① 将货物交付其他单位或者个人代销；

② 销售代销货物；

③ 设有两个以上机构并实行统一核算的纳税人，将货物从一个机构移送其他机构用于销售，但相关机构设在同一县（市）的除外；

④ 将自产、委托加工的货物用于非增值税应税项目；

⑤ 将自产、委托加工的货物用于集体福利或个人消费；

⑥ 将自产、委托加工或购进的货物作为投资，提供给其他单位或个体工商户；

⑦ 将自产、委托加工或购进的货物分配给股东或投资者；

⑧ 将自产、委托加工或购进的货物无偿赠送其他单位或个人。

上述第⑤项所称"集体福利或个人消费"是指企业内部设置的供职工使用的食堂、浴室、理发室、宿舍、幼儿园等福利设施及设备、物品等，或者以福利、奖励、津贴等形式发放给职工个人的物品。

（2）视同销售服务、无形资产或者不动产。

下列情形视同销售服务、无形资产或者不动产：

① 单位或者个体工商户向其他单位或者个人无偿提供服务，但用于公益事业或者以社会公众为对象的除外。

② 单位或者个人向其他单位或者个人无偿转让无形资产或者不动产，但用于公益事业或者以社会公众为对象的除外。

③ 财政部和国家税务总局规定的其他情形。

（3）混合销售。

一项销售行为如果既涉及货物又涉及服务，为混合销售。从事货物的生产、批发或者零售的单位和个体工商户的混合销售行为，按照销售货物缴纳增值税；其他单位和个体工商户的混合销售行为，按照销售服务缴纳增值税。

上述从事货物的生产、批发或者零售的单位和个体工商户，包括以从事货物的生产、批发或者零售为主，并兼营销售服务的单位和个体工商户在内。

（4）兼营。

兼营是指纳税人的经营范围既包括销售货物和应税劳务，又包括销售服务、无形资产或者不动产。与混合销售不同的是，兼营是指销售货物、应税劳务、服务、无形资产或者不动产不同时发生在同一购买者身上，也不发生在同一项销售行为中。

纳税人销售货物、加工修理修配劳务、服务、无形资产或者不动产适用不同税率或者征收率的，应当分别核算适用不同税率或者征收率的销售额，未分别核算销售额的，按照以下方法适用税率或者征收率：

① 兼有不同税率的销售货物、加工修理修配劳务、服务、无形资产或者不动产，从高适用税率。

② 兼有不同征收率的销售货物、加工修理修配劳务、服务、无形资产或者不动产，从高适用征收率。

③ 兼有不同税率和征收率的销售货物、加工修理修配劳务、服务、无形资产或者不动产，从高适用税率。

（三）增值税的纳税人

增值税纳税人是指税法规定负有缴纳增值税义务的单位和个人。在我国境内销售、进口货物或者提供加工、修理、修配劳务以及销售服务、无形资产或者不动产的单位和个人，为增值税纳税人。按照经营规模的大小和会计核算健全与否等标准，增值税纳税人可分为一般纳税人和小规模纳税人。

1. 增值税一般纳税人

一般纳税人是指年应征增值税销售额（以下简称"年应税销售额"，包括一个公历年度内的全部应税销售额）超过《增值税暂行条例实施细则》或者《营业税改征增值税试点实施办法》规定的小规模纳税人标准的企业和企业性单位。

一般纳税人的特点是增值税进项税额可以抵扣销项税额。

下列纳税人不属于一般纳税人：

（1）年应税销售额未超过小规模纳税人标准的企业；

（2）除个体经营者以外的其他个人；

（3）非企业性单位；

（4）不经常发生增值税应税行为的企业。

经税务机关审核认定的一般纳税人，可按《增值税暂行条例》第四条的规定计算应纳税额，并使用增值税专用发票。对符合一般纳税人条件但不申请办理一般纳税人认定手续的纳税人，应按销售额依照增值税税率计算应纳税额，不得抵扣进项税额，也不得使用增值税专用发票。

2. 小规模纳税人

小规模纳税人是指年应税销售额在规定标准以下，并且会计核算不健全，不能按规定报送有关税务资料的增值税纳税人。小规模纳税人的认定标准是：

（1）从事货物生产或者提供应税劳务的纳税人，以及以从事货物生产或者提供应税劳务为主，并兼营货物批发或者零售的纳税人，年应税销售额在50万元以下（含本数，下同）的；"以从事货物生产或者提供应税劳务为主"是指纳税人的年货物生产或提供应税劳务的销售额占全年应税销售额的比重在50%以上。

（2）上述规定以外的纳税人，年应税销售额在80万元以下的。

（3）销售服务、无形资产或者不动产的，年应税销售额在500万元以下的。

（4）年应税销售额超过规定标准的其他个人、非企业性单位、不经常发生应税行为的企业。

年应税销售额未超过规定标准的纳税人，会计核算健全，能够提供准确税务资料的，可以向主管税务机关办理一般纳税人资格登记，成为一般纳税人。除国家税务总局另有规定外，一经登记为一般纳税人后，不得转为小规模纳税人。

（四）增值税扣缴义务人

中华人民共和国境外（以下简称"境外"）的单位或者个人

在境内销售服务、无形资产或者不动产的，在境内未设有经营机构的，以购买方为增值税扣缴义务人。

境外单位或者个人在境内销售服务、无形资产或者不动产的，在境内未设有经营机构的，扣缴义务人按照下列公式计算应扣缴税额：

$$应扣缴税额 = 购买方支付的价款 \div (1 + 税率) \times 税率$$

（五）增值税税率和征收率

1. 基本税率为 17%

适用于纳税人销售或者进口货物（适用 13% 的低税率的除外），提供加工、修理修配劳务，以及有形动产租赁服务。

2. 低税率

低税率分为以下三档：

（1）13%。

纳税人销售或者进口下列货物，税率为 13%：①粮食、食用植物油；②自来水、暖气、冷气、热水、煤气、石油液化气、天然气、沼气、居民用煤炭制品；③图书、报纸、杂志；④饲料、化肥、农药、农机（不包括农机零部件）、农膜；⑤国务院规定的其他货物。

（2）11%。

提供交通运输、邮政、基础电信、建筑、不动产租赁服务，销售不动产，转让土地使用权，税率为 11%。

（3）6%。

纳税人销售增值电信服务、金融服务、现代服务和生活服务，销售土地使用权以外的无形资产，税率为 6%。

3. 零税率

纳税人出口货物，税率为零，国务院另有规定的除外；跨境销售服务、无形资产或者不动产行为，税率为零，具体范围由财政部和国家税务总局另行规定。

4. 征收率

增值税征收率为3%，财政部和国家税务总局另有规定的除外。

（六）增值税一般纳税人应纳税额的计算

我国增值税实行扣税法。一般纳税人凭增值税专用发票及其他合法扣税凭证注明的税款进行抵扣，应纳增值税的计算公式为：

$$应纳税额 = 当期销项税额 - 当期进项税额$$
$$= 当期销售额 \times 适用税率 - 当期进项税额$$

当期销项税额小于进项税额时，其不足抵扣的部分可以结转到下期继续抵扣。

1. 销售额

销售额是指纳税人销售货物、应税劳务、服务、无形资产或者不动产，从购买方收取的全部价款和价外费用，但是不包括向购买方收取的销项税额以及代为收取的政府性基金或者行政事业性收费。此处的"价外费用"，包括价外向购买方收取的手续费、补贴、基金、集资费、返还利润、奖励费、违约金、滞纳金、延期付款利息、赔偿金、代收款项、代垫款项、包装费、包装物租金、储备费、优质费、运输装卸费以及其他各种性质的价外收费。

纳税人采用销售额和销项税额合并定价的，按下列公式计算销售额：

$$不含税销售额 = 含税销售额 \div (1 + 增值税税率)$$

销售额以人民币计算，纳税人按照人民币以外的货币结算销售额的，应当折合成人民币计算，折合率可以选择销售额发生的当天或者当月1日的人民币汇率中间价。纳税人应当在事先确定采用何种折合率,确定后 12 个月内不得变更。

2. 销项税额

销项税额是指纳税人销售货物、应税劳务、服务、无形资产或者不动产,按照销售额和规定的税率计算并向购买方收取的增值税税额。

$$销项税额 = 销售额 × 适用税率$$

纳税人发生应税行为价格明显偏低或者偏高且不具有合理商业目的的,或者发生视同销售行为而无销售额的,主管税务机关有权按照下列顺序确定销售额:

(1) 按照纳税人最近时期销售同类货物、加工修理修配劳务、服务、无形资产或者不动产的平均价格确定。

(2) 按照其他纳税人最近时期销售同类货物、加工修理修配劳务、服务、无形资产或者不动产的平均价格确定。

(3) 按照组成计税价格确定。组成计税价格的公式为:组成计税价格 = 成本 × (1 + 成本利润率)。成本利润率由国家税务总局确定。

销售属于应征消费税的货物的,其组成计税价格中应加计消费税额。

【例 3 - 1】2014 年 3 月,甲酒厂(增值税一般纳税人)销售粮食白酒开具增值税专用发票,收取不含税价款 80 000 元,则相关增值税销项税额计算如下:

应纳增值税销项税额 = 80 000 × 17% = 13 600(元)

3. 进项税额

进项税额是指纳税人购进货物、加工修理修配劳务、服务、无形资产或者不动产所支付或者承担的增值税税额。

(1) 准予抵扣的进项税额。

下列进项税额准予从销项税额中抵扣:

① 从销售方取得的增值税专用发票（含税控机动车销售统一发票）上注明的增值税额。

② 从海关取得的海关进口增值税专用缴款书上注明的增值税额。

③ 购进农产品，除取得增值税专用发票或者海关进口增值税专用缴款书外，按照农产品收购发票或者销售发票上注明的农产品买价和13%的扣除率计算的进项税额。计算公式为：

$$进项税额 = 买价 × 扣除率$$

④ 从境外单位或者个人购进服务、无形资产或者不动产，自税务机关或者扣缴义务人取得的解缴税款的完税凭证上注明的增值税额。

【例3-2】2014年3月，乙企业（增值税一般纳税人）向农业生产者收购一批免税农产品用于生产应税货物，在农产品收购发票上注明价款200 000元，支付运输公司运送该批产品回厂的运费3 000元，取得运输发票，则相关可抵扣增值税进项税额计算如下：

可抵扣增值税进项税额 = 200 000 × 13% + 3 000 × 11% = 26 330（元）

（2）不得抵扣的进项税额。

下列项目的进项税额不得从销项税额中抵扣：

① 用于简易计税方法计税项目、免征增值税项目、集体福利或者个人消费的购进货物、加工修理修配劳务、服务、无形资产和不动产。其中涉及的固定资产、无形资产、不动产，仅指专用于上述项目的固定资产、无形资产（不包括其他权益性无形资产）、不动产。纳税人的交际应酬消费属于个人消费。

② 非正常损失的购进货物，以及相关的加工修理修配劳务和交通运输服务。

③ 非正常损失的在产品、产成品所耗用的购进货物（不包括固定资产）、加工修理修配劳务和交通运输服务。

④ 非正常损失的不动产，以及该不动产所耗用的购进货物、设计服务和建筑服务。

⑤ 非正常损失的不动产在建工程所耗用的购进货物、设计服务和建筑服务。纳税人新建、改建、扩建、修缮、装饰不动产，均属于不动产在建工程。非正常损失，是指因管理不善造成货物被盗、丢失、霉烂变质，以及因违反法律法规造成货物或者不动产被依法没收、销毁、拆除的情形。

⑥ 购进的旅客运输服务、贷款服务、餐饮服务、居民日常服务和娱乐服务。

⑦ 财政部和国家税务总局规定的其他情形。

本条第④项、第⑤项所称货物，是指构成不动产实体的材料和设备，包括建筑装饰材料和给排水、采暖、卫生、通风、照明、通讯、煤气、消防、中央空调、电梯、电气、智能化楼宇设备及配套设施。

纳税人取得的增值税扣税凭证不符合法律、行政法规或者国家税务总局有关规定的，其进项税额不得从销项税额中抵扣。

增值税扣税凭证是指增值税专用发票、海关进口增值税专用缴款书、农产品收购发票、农产品销售发票和税收缴款凭证。

（七）增值税小规模纳税人应纳税额的计算

小规模纳税人销售货物、加工修理修配劳务、服务、无形资产或者不动产，实行简易办法征收增值税，并不得抵扣进项税额。其应纳税额计算公式为：

$$应纳税额 = 销售额 \times 征收率$$

公式中的销售额为不含税销售额。

小规模纳税人采用销售额和应纳税额合并定价方法的，应将其换算为不含税销售额，计算公式为：销售额＝含税销售额÷（1＋征收率）。

　　一般纳税人提供财政部和国家税务总局规定的特定应税服务，可以选择使用简易计税方法计税，但一经选定，36个月内不得变更。

　　【例3－3】2014年3月，某电器修理部（小规模纳税人）取得含税修理收入10 300元，则相关应纳增值税额计算如下：

　　应纳税额＝10 300÷（1＋3%）×3%＝300（元）

（八）增值税的征收管理

1. 纳税义务的发生时间

　　（1）采用直接收款方式销售货物，不论货物是否发出，均为收到销售款或者取得索取销售款凭证的当天；先开具发票的，为开具发票的当天。

　　（2）纳税人发生销售服务、无形资产或者不动产行为的，为收讫销售款或者取得索取销售款项凭据的当天；先开具发票的，为开具发票的当天。

　　（3）采取托收承付和委托银行收款方式销售货物，为发出货物并办妥托收手续的当天。

　　（4）采取赊销和分期收款方式销售货物，为书面合同约定的收款当天，无书面合同或者书面合同没有约定收款日期的，为货物发出的当天。

　　（5）采取预收货款方式销售货物，为货物发出的当天；但生产销售生产工期超过12个月的大型机械设备、船舶、飞机等货物，为收到预收款或者书面合同约定的收款日期的当天。

　　纳税人提供有形动产租赁服务采取预收款方式的，其纳税义务发生时间为收到预收款的当天。

　　纳税人提供建筑服务、租赁服务采取预收款方式的，其纳税义务发生时间为收到预收款的当天。

（6）委托其他纳税人代销货物，为收到代销单位的代销清单或者收到全部或者部分货款的当天。未收到代销清单及货款的，为发出代销货物满180天的当天。

（7）纳税人从事金融商品转让的，为金融商品所有权转移的当天。

（8）纳税人发生视同销售货物行为，为货物移送的当天。纳税人发生视同销售服务、无形资产或者不动产行为的，其纳税义务发生时间为服务、无形资产转让完成的当天或者不动产权属变更的当天。

（9）纳税人进口货物，纳税义务发生时间为报关进口的当天。

（10）增值税扣缴义务发生时间为纳税人增值税纳税义务发生的当天。

2. 纳税期限

增值税的纳税期限分别为1日、3日、5日、10日、15日、1个月或者1个季度。纳税人的具体纳税期限，由主管税务机关根据纳税人应纳税额的大小分别核定。以1个季度为纳税期限的规定适用于小规模纳税人、银行、财务公司、信托投资公司、信用社，以及财政部和国家税务总局规定的其他纳税人。不能按照固定期限纳税的，可以按次纳税。

纳税人以1个月或者1个季度为1个纳税期的，自期满之日起15日内申报纳税；以1日、3日、5日、10日或者15日为1个纳税期的，自期满之日起5日内预缴税款，于次月1日起15日内申报纳税并结清上月应纳税款。

扣缴义务人解缴税款的期限，按照前两款规定执行。

3. 纳税地点

（1）固定业户应当向其机构所在地或者居住地主管税务机关申报纳税。总机构和分支机构不在同一县（市）的，应当分别向各自所在地的主管税务机关申报纳税；经财政部和国家税务总局或者其授权的财政和税务机关批准，可以由总机构汇总向总机构所在地的主管税务机关申报纳税。

（2）固定业户到外县（市）销售货物或者应税劳务，应当向其机构所在地的主管税务机关申请开具外出经营活动税收管理证明，并向其机构所在地的主管税务机关申报纳税；未开具证明的，应当向销售地或者劳务发生地的主管税务机关申报纳税；未向销售地或者劳务发生地的主管税务机关申报纳税的，由其机构所在地的主管税务机关补征税款。

（3）非固定业户销售货物、应税劳务、服务、无形资产或者不动产，应当向销售地、应税劳务发生地或者应税行为发生地的主管税务机关申报纳税；未申报纳税的，由其机构所在地或者居住地的主管税务机关补征税款。

其他个人提供建筑服务，销售或者租赁不动产，转让自然资源使用权，应向建筑服务发生地、不动产所在地、自然资源所在地主管税务机关申报纳税。

（4）进口货物，应当向报关地海关申报纳税。

（5）扣缴义务人应当向其机构所在地或者居住地的主管税务机关申报缴纳其扣缴的税款。

二、消费税

（一）消费税的概念

消费税是对在我国境内从事生产、委托加工和进口应税消费品的单位和个人征收的一种流转税，是对特定的消费品和消费行为在特定的环节征收的一种流转税。

（二）消费税的征税范围

1. 生产应税消费品

生产应税消费品在生产销售环节征税。纳税人将生产的应税消费品换取生产资料、消费资料、投资入股、偿还债务，以及用于继续生产应税消费品以外的其他方面都应缴纳消费税。

2. 委托加工应税消费品

委托加工应税消费品是指委托方提供原料和主要材料，受托方只收取加工费和代垫部分辅助材料加工的应税消费品。由受托方提供原材料或其他情形的一律不能视同加工应税消费品。

委托加工的应税消费品，除受托方为个人外，由受托方在向委托方交货时代收代缴税款；委托个人加工的应税消费品，由委托方收回后缴纳消费税。

委托加工的应税消费品，委托方用于连续生产应税消费品的，所纳税款准予按规定抵扣；直接出售的，不再缴纳消费税。委托方将收回的应税消费品，以不高于受托方的计税价格出售的，为直接出售，不再缴纳消费税；委托方以高于受托方的计税价格出售的，不属于直接出售，需按照规定申报缴纳消费税，在计税时准予扣除受托方已代收代缴的消费税。

3. 进口应税消费品

单位和个人进口应税消费品，于报关进口时由海关代征消费税。

4. 批发、零售应税消费品

经国务院批准，自1995年1月1日起，金银首饰消费税由生产销售环节征收改为零售环节征收。改在零售环节征收消费税的金银首饰仅限于金基、银基合金首饰以及金、银和金基、银基合金的镶嵌首饰，适用税率为5%，其计税依据是不含增值税的销售额。

对既销售金银首饰，又销售非金银首饰的生产、经营单位，应将两类商品划分清楚，分别核算销售额。凡划分不清楚或不能分别核算的，在生产环节销售的，一律从高适用税率征收消费税；在零售环节销售的，一律按金银首饰征收消费税。金银首饰与其他产品组成成套消费品销售的，应按销售额全额征收消费税。

金银首饰连同包装物一起销售的，无论包装物是否单独计价，也无论会计上如何核算，均应并入金银首饰的销售额，计征消费税。

带料加工的金银首饰，应按受托方销售的同类金银首饰的销售价格确定计税依据征收消费税。没有同类金银首饰销售价格的，按照组成计税价格计算纳税。

纳税人采用以旧换新（含翻新改制）方式销售的金银首饰，应按实际收取的不含增值税的全部价款确定计税依据征收消费税。

（三）消费税纳税人

消费税纳税人是指在中华人民共和国境内（起运地或者所在地在境内）生产、委托加工和进口《消费税暂行条例》规定的消费品的单位和个人，以及国务院确定的销售《消费税暂行条例》规定的消费品的其他单位和个人。

（四）消费税的税目与税率

我国消费税的税目共有15个，分别是：（1）烟；（2）酒；（3）化妆品；（4）贵重首饰及珠宝玉石；（5）鞭炮、焰火；（6）成品油；（7）摩托车；（8）小汽车；（9）高尔夫球及球具；（10）高档手表；（11）游艇；（12）木制一次性筷子；（13）实木地板；（14）电池；（15）涂料。其中，有些还包括若干子目。

消费税的税率包括比例税率和定额税率两类。根据不同的税目或子目，应税消费品的税率如表3-1所示。

表 3 - 1　　　　　　　　　　**消费税税目税率表**

税　　目	税　　率
一、烟	
1. 卷烟	
（1）甲类卷烟	56% 加 0.003 元/支（生产环节）
（2）乙类卷烟	36% 加 0.003 元/支（生产环节）
商业批发	11% 加 0.005/支　　（批发环节）
2. 雪茄烟	36%　　　　　　（生产环节）
3. 烟丝	30%　　　　　　（生产环节）
二、酒	
1. 白酒	20% 加 0.5 元/500 克（或者 500 毫升）
2. 黄酒	240 元/吨
3. 啤酒	
（1）甲类啤酒	250 元/吨
（2）乙类啤酒	220 元/吨
4. 其他酒	10%
三、化妆品	30%
四、贵重首饰及珠宝玉石	
1. 金银首饰、铂金首饰和钻石及钻石饰品	5%
2. 其他贵重首饰和珠宝玉石	10%
五、鞭炮、焰火	15%
六、成品油	
1. 汽油	1.52 元/升
2. 柴油	1.20 元/升
3. 航空煤油	1.20 元/升
4. 石脑油	1.52 元/升
5. 溶剂油	1.52 元/升
6. 润滑油	1.52 元/升
7. 燃料油	1.20 元/升

续表

税　　目	税　　率
七、摩托车	
1. 气缸容量（排气量，下同）250 毫升的	3%
2. 气缸容量在 250 毫升以上的（不含）	10%
八、小汽车	
1. 乘用车	
（1）气缸容量（排气量，下同）在 1.0 升（含 1.0 升）以下的	1%
（2）气缸容量在 1.0 升以上至 1.5 升（含 1.5 升）的	3%
（3）气缸容量在 1.5 升以上至 2.0 升（含 2.0 升）的	5%
（4）气缸容量在 2.0 升以上至 2.5 升（含 2.5 升）的	9%
（5）气缸容量在 2.5 升以上至 3.0 升（含 3.0 升）的	12%
（6）气缸容量在 3.0 升以上至 4.0 升（含 4.0 升）的	25%
（7）气缸容量在 4.0 升以上的	40%
2. 中轻型商用客车	5%
九、高尔夫球及球具	10%
十、高档手表	20%
十一、游艇	10%
十二、木制一次性筷子	5%
十三、实木地板	5%
十四、电池	4%
十五、涂料	4%

对无汞原电池、金属氢化物镍蓄电池、锂原电池、锂离子蓄电池、太阳能电池、燃料电池和全钒液流电池免征消费税。

（五） 消费税应纳税额

1. 从价定率征收

从价定率征收，即根据不同的应税消费品确定不同的比例税率。

$$应纳税额 = 应税消费品的销售额 \times 比例税率$$

2. 从量定额征收

从量定额征收，即根据不同的应税消费品确定不同的单位税额。

$$应纳税额 = 应税消费品的销售数量 \times 单位税额$$

3. 从价定率和从量定额复合征收

从价定率和从量定额复合征收，即以两种方法计算的应纳税额之和为该应税消费品的应纳税额。我国目前只对卷烟和白酒采用复合征收方法。

$$应纳税额 = 应税消费品的销售额 \times 比例税率$$
$$+ 应税消费品的销售数量 \times 单位税额$$

【例 3 - 4】 2014 年 3 月，丙白酒厂销售白酒 200 吨，销售额（不含增值税）为 1 480 万元。

白酒适用的消费税税率为销售额的 20% 加 0.5 元/500 克，因此，在计算消费税的应纳税额时，应注意计量单位的一致和货币单位的统一，具体计算过程如下：

$$应纳税额 = 1\,480 \times 20\% + 200 \times 1\,000 \times 1\,000 \div 500 \times 0.5 \div 10\,000$$
$$= 316（万元）$$

4. 应税消费品已纳税款的扣除

应税消费品若是用外购已缴纳消费税的应税消费品连续生产出来的，在对这些连续生产出来的应税消费品征税时，按当期生产领用数量计算准予扣除的外购应税消费品已缴纳的消费税税款。

5. 自产自用应税消费品应纳税额

纳税人自产自用应税消费品用于连续生产应税消费品的，不纳税；凡用于其他方面的，应按照纳税人生产的同类消费品的销售价格计算纳税，没有同类消费品销售价格的，按照组成计税价格计算纳税。

实行从价定率办法计算纳税的组成计税价格计算公式：

$$组成计税价格 = (成本 + 利润) \div (1 - 比例税率)$$

实行复合计税办法计算纳税的组成计税价格计算公式：

$$组成计税价格 = (成本 + 利润 + 自产自用数量 \times 定额税率)$$
$$\div (1 - 比例税率)$$

6. 委托加工应税消费品应纳税额

委托加工的应税消费品，按照受托方的同类消费品的销售价格计算纳税；没有同类消费品销售价格的，按照组成计税价格计算纳税。

实行从价定率办法计算纳税的组成计税价格计算公式：

$$组成计税价格 = (材料成本 + 加工费) \div (1 - 比例税率)$$

实行复合计税办法计算纳税的组成计税价格计算公式：

$$组成计税价格 = (材料成本 + 加工费 + 委托加工数量$$
$$\times 定额税率) \div (1 - 比例税率)$$

（六）消费税征收管理

1. 纳税义务发生时间（货款结算方式或行为发生时间）

（1）纳税人销售应税消费品的，按不同的销售结算方式分别为：

① 采取赊销和分期收款结算方式的，为书面合同约定的收款日期的当天，书面合同没有约定收款日期或者无书面合同的，

为发出应税消费品的当天；

② 采取预收货款结算方式的，为发出应税消费品的当天；

③ 采取托收承付和委托银行收款方式的，为发出应税消费品并办妥托收手续的当天；

④ 采取其他结算方式的，为收讫销售款或者取得索取销售款凭据的当天。

（2）纳税人自产自用应税消费品的，为移送使用的当天。

（3）纳税人委托加工应税消费品的，为纳税人提货的当天。

（4）纳税人进口应税消费品的，为报关进口的当天。

2. 消费税纳税期限

消费税纳税期限分别为 1 日、3 日、5 日、10 日、15 日、1 个月或者 1 个季度。纳税人的具体纳税期限，由主管税务机关根据纳税人应纳税额的大小分别核定，不能按照固定期限纳税的，可以按次纳税。

纳税人以 1 个月或者 1 个季度为一期纳税的，自期满之日起 15 日内申报纳税；纳税人以 1 日、3 日、5 日、10 日、15 日为一期的，自期满之日起 5 日内预缴税款，于次月 1 日起 15 日内申报纳税并结清上月应纳税款。进口货物自海关填发税收专用缴款书之日起 15 日内缴纳。

3. 消费税纳税地点

（1）纳税人销售的应税消费品，以及自产自用的应税消费品，除国务院财政、税务主管部门另有规定外，应当向纳税人机构所在地或者居住地的主管税务机关申报纳税。

（2）委托加工的应税消费品，除受托方为个人外，由受托方向机构所在地或居住地主管税务机关解缴消费税税款；委托个人加工的应税消费品，由委托方向其机构所在地或者居住地主管税务机关申报纳税。

（3）进口的应税消费品，由进口人或者其代理人向报关地海关缴纳消费税。

（4）纳税人到外县（市）销售或者委托外县（市）代销自产应税消费品的，于应税消费品销售后，向机构所在地或居住地主管税务机关申报纳税。纳税人的总机构与分支机构不在同一县（市）的，应当分别向各自机构所在地的主管税务机关申报纳税；经财政部、国家税务总局或者其授权的财政、税务机关批准，可以由总机构汇总向总机构所在地的主管税务机关申报税务。

（5）纳税销售的应税消费品，如因质量等原因，由购买者退回时，经由所在地主管税务机关审核批准后，可退还已征收的消费税税款，但不能自行直接抵减应纳税税款。

三、企业所得税

（一）企业所得税的概念

企业所得税是对我国企业和其他取得收入的组织的生产经营所得和其他所得征收的一种税。企业分为居民企业和非居民企业。居民企业是指依法在中国境内成立，或者依照外国（地区）法律成立但实际管理机构在中国境内的企业。非居民企业是指依照外国（地区）法律成立且实际管理机构不在中国境内，但在中国境内设立机构、场所的，或者在中国境内未设立机构、场所，但有来源于中国境内所得的企业。

（二）企业所得税的征税对象

居民企业应就来源于中国境内、境外的所得作为征税对象。

非居民企业在中国境内设立机构、场所的，应当就其所设机构、场所取得的来源于中国境内的所得，以及发生在中国境外但与其所设机构、场所有实际联系的所得，缴纳企业所得税。

（三）企业所得税的税率

1. 基本税率为25%

适用于居民企业和在中国境内设有机构、场所且所得与机构、场所有关联的非居民企业。

2. 优惠税率

对符合条件的小型微利企业，其所得减按 20% 的税率征收企业所得税；对于在中国境内未设立机构、场所的，或者虽设立机构、场所但取得的所得与其所设机构、场所没有实际联系的非居民企业，减按 20% 税率征收企业所得税；对国家需要重点扶持的高新技术企业，减按 15% 的税率征收企业所得税。

（四）企业所得税应纳税所得额

企业所得税应纳税所得额是企业所得税的计税依据。应纳税所得额为企业每一个纳税年度的收入总额减去不征税收入、免税收入、各项扣除，以及允许弥补的以前年度亏损之后的余额，应纳税所得额有两种计算方法：

直接计算法下的计算公式为：

$$应纳税所得额 = 收入总额 - 不征税收入额 - 免税收入额$$
$$- 各项扣除额 - 准予弥补的以前年度亏损额$$

间接计算法下的计算公式为：

$$应纳税所得额 = 利润总额 + 纳税调整项目金额$$

1. 收入总额

企业以货币形式和非货币形式从各种来源取得的收入，为收入总额，包括销售货物收入，提供劳务收入，转让财产收入，股息、红利等权益性投资收益，利息收入，租金收入，特许权使用费收入，接受捐赠收入，其他收入。

2. 不征税收入

不征税收入是指从性质和根源上不属于企业营利性活动带来的经济利益、不负有纳税义务并不作为应纳税所得额组成部分的收入。如财政拨款、依法收取并纳入财政管理的行政事业性收费、政府性基金以及国务院规定的其他不征税收入。

3. 免税收入

免税收入是指属于企业的应税所得但按照税法规定免予征收企业所得税的收入。免税收入包括国债利息收入，符合条件的居民企业之间的股息、红利收入，在中国境内设立机构、场所的非居民企业从居民企业取得与该机构、场所有实际联系的股息、红利收入，符合条件的非营利组织的收入等。

4. 准予扣除项目

企业实际发生的与取得收入有关的、合理的支出，包括成本、费用、税金、损失和其他支出等，准予在计算应纳税所得额时扣除。

5. 不得扣除项目

（1）向投资者支付的股息、红利等权益性投资收益款项。

（2）企业所得税税款。

（3）税收滞纳金。

（4）罚金、罚款和被没收财物的损失，是指纳税人违反国家有关法律、法规规定，被有关部门处以的罚款，以及被司法机关处以的罚金和被没收的财物。

（5）企业发生的公益性捐赠支出以外的捐赠支出。企业发生的公益性捐赠支出，在年度利润总额12%以内的部分，准予在计算应纳税所得额时扣除。

【例3-5】某企业2013年度实现的利润总额为700万元，适用的所得税税率为25%，营业外支出为80万元，其中，通过红十字会向贫困山区捐款100万元，支付的税收滞纳金为8万元。

假定没有其他调整事项，该企业本年度应纳税所得额和应纳所得税计算如下：

① 应纳税所得额 = 700 + （100 - 700 × 12%）+ 8

             = 724（万元）

② 应纳税额 = 724 × 25% = 181（万元）

（6）赞助支出，是指企业发生的与生产经营活动无关的各种非广告性支出。

（7）未经核准的准备金支出，是指不符合国务院财政、税务主管部门规定的各项资产减值准备、风险准备等准备金支出。

（8）企业之间支付的管理费、企业内营业机构之间支付的租金和特许权使用费，以及非银行企业内营业机构之间支付的利息。

（9）与取得收入无关的其他支出。

6. 职工福利费、工会经费和职工教育经费支出的税前扣除

（1）企业发生的职工福利费支出，不超过工资薪金总额14%的部分，准予扣除；

（2）企业拨缴的工会经费，不超过工资薪金总额2%的部分，准予扣除；

（3）除国务院财政、税务主管部门另有规定外，企业发生的职工教育经费支出，不超过工资薪金总额2.5%的部分，准予扣除；超过部分，准予在以后纳税年度结转扣除。

【例3-6】某企业2013年度实现的利润总额为520万元，适用的所得税税率为25%，计入成本、费用中的应发工资薪金总额为400万元，拨缴的工会经费为9万元，发生的职工福利费和职工教育经费分别为60万元、20万元。假定没有其他调整事项，该企业本年度应纳税所得额和应纳所得税计算如下：

① 应纳税所得额 = 520 + (9 - 400 × 2%) + (60 - 400 × 14%)

　　　　　　　 + (20 - 400 × 2.5%)

　　　　　　 = 535（万元）

② 应纳税额 = 535 × 25% = 133.75（万元）

7. 业务招待费、广告费和业务宣传费支出的税前扣除

（1）企业发生的与生产经营活动有关的业务招待费支出，按照发生额的60%扣除，但最高不得超过当年销售（营业）收入的5‰。

（2）企业发生的符合条件的广告费和业务宣传费支出，除国务院财政、税务主管部门另有规定外，不超过当年销售（营业）收入15%的部分，准予扣除；超过部分，准予在以后纳税年度结转扣除。

【例3-7】某企业2013年度销售收入为5 000万元，实现的利润总额为1 000万元，适用的所得税税率为25%。假定发生以下纳税调整事项：广告费用为450万元、业务招待费为100万元。

该企业本年度应纳税所得额和应纳所得税计算如下：

① 准予当年扣除的广告费 = 5 000 × 15% = 750（万元）

实际发生的广告费用低于准予扣除的金额，可以全额扣除。

② 业务招待费准予扣除的上限 = 5 000 × 5‰ = 25（万元）

业务招待费发生额的60% = 100 × 60% = 60（万元）

业务招待费中准予扣除的金额为25万元。

③ 应纳税所得额 = 1 000 + （100 - 25） = 1 075（万元）

④ 应纳税额 = 1 075 × 25% = 268.75（万元）

8. 亏损弥补

纳税人发生年度亏损的，可以用下一纳税年度的所得弥补；下一纳税年度的所得不足弥补的，可以逐年延续弥补，但是延续弥补期最长不得超过5年。5年内不管是盈利还是亏损，都作为实际弥补期限。税法所指亏损的概念，不是企业财务报表中反映的亏损额，而是企业财务报表中的亏损额经税务机关按税法规定核实调整后的金额。

（五）企业所得税征收管理

1. 纳税地点

除税收法律、行政法规另有规定外，居民企业一般以企业登记注册地为纳税地点，但登记注册地在境外的，以企业实际管理机构所在地为纳税地点。

居民企业在中国境内设立的不具有法人资格的分支或营业机

构，由该居民企业汇总计算并缴纳企业所得税。

非居民企业在中国境内设立机构、场所的，应当就其所设机构、场所取得的来源于中国境内的所得，以及发生在中国境外但与其所设机构、场所有实际联系的所得，以机构、场所所在地为纳税地点。

非居民企业在中国境内未设立机构、场所的，或者虽设立机构、场所但取得的所得与其所设机构、场所没有实际联系的所得，以扣缴义务人所在地为纳税地点。

除国务院另有规定外，企业之间不得合并缴纳企业所得税。

2. 纳税期限

企业所得税实行按年（自公历 1 月 1 日起到 12 月 31 日止）计算，分月或分季预缴，年终汇算清缴（年终后 5 个月内进行）、多退少补的征纳方法。

纳税人在一个年度中间开业，或者由于合并、关闭等原因，使该纳税年度的实际经营期不足 12 个月的，应当以其实际经营期为一个纳税年度（自实际终止日起 60 日内，进行企业所得税汇算清缴）。

3. 纳税申报

按月或按季预缴的，应当自月份或季度终了之日起 15 日内，向税务机关报送预缴企业所得税纳税申报表，预缴税款。

四、个人所得税

（一）个人所得税的概念

个人所得税是以个人（自然人）取得的各项应税所得为征税对象所征收的一种税。

（二）个人所得税的纳税义务人

个人所得税的纳税义务人，以住所和居住时间为标准分为居民纳税义务人和非居民纳税义务人。

1. 居民纳税义务人

居民纳税义务人是指在中国境内有住所，或者无住所但在中国境内居住满1年的个人。居民纳税义务人负有无限纳税义务，其从中国境内和境外取得的所得，都要在中国缴纳个人所得税。

2. 非居民纳税义务人

非居民纳税义务人是指在中国境内无住所又不居住，或者无住所而在中国境内居住不满1年的个人。非居民纳税义务人承担有限纳税义务，仅就其从中国境内取得的所得，在中国缴纳个人所得税。

在中国境内有住所的个人，是指因户籍、家庭、经济利益关系而在中国境内习惯性居住的个人。

在境内居住满1年，是指在一个纳税年度中在中国境内居住满365日。临时离境的，不扣减日数。

临时离境，是指在一个纳税年度中一次不超过30日或者多次累计不超过90日的离境。

（三）个人所得税的应税项目和税率

1. 个人所得税的应税项目

现行个人所得税共有11个应税项目：（1）工资、薪金所得；（2）个体工商户的生产、经营所得；（3）企事业单位的承包经营、承租经营所得；（4）劳务报酬所得；（5）稿酬所得；（6）特许权使用费所得；（7）利息、股息、红利所得；（8）财产租赁所得；（9）财产转让所得（财产转让所得是指个人转让有价证券、股票、建筑物、土地使用权、机器设备、车船以及其他财产取得的所得）；（10）偶然所得（偶然所得是指个人得奖、中奖、中彩以及其他偶然性质的所得）；（11）经国务院财政部门确定征税的其他所得。

2. 个人所得税税率

（1）工资、薪金所得，适用3%～45%的超额累进税率，如

表 3 - 2 所示。

表 3 - 2　　　　　工资、薪金所得个人所得税税率表

级数	全月应纳税所得额	税率	速算扣除数
1	不超过 1 500 元的	3%	0
2	超过 1 500 元至 4 500 元的部分	10%	105
3	超过 4 500 元至 9 000 元的部分	20%	555
4	超过 9 000 元至 35 000 元的部分	25%	1 005
5	超过 35 000 元至 55 000 元的部分	30%	2 755
6	超过 55 000 元至 80 000 元的部分	35%	5 505
7	超过 80 000 元的部分	45%	13 505

注: 本表所称全月应纳税所得额是以每月收入额减除费用 3 500 元后的余额或者减除附加减除费用后的余额。

（2）个体工商户的生产、经营所得和企事业单位的承包经营、承租经营所得，适用 5%～35% 的超额累进税率，如表 3 - 3 所示。

表 3 - 3　　　　个体工商户生产、经营所得和企事业单位的
承包经营、承租经营所得个人所得税税率表

级数	全年应纳税所得额	税率（%）	速算扣除数
1	不超过 15 000 元的	5	0
2	超过 15 000 元至 30 000 元的部分	10	750
3	超过 30 000 元至 60 000 元的部分	20	3 750
4	超过 60 000 元至 100 000 元的部分	30	9 750
5	超过 100 000 元的部分	35	14 750

全年应纳税所得额是以每一纳税年度的收入总额，减除成本、费用以及损失后的余额。个人独资企业和合伙企业的生产经营所得，也适用5%~35%的五级超额累进税率。

（3）稿酬所得，适用比例税率，税率为20%，并按应纳税额减征30%，故其实际税率为14%。

（4）劳务报酬所得，适用比例税率，税率为20%。

对劳务报酬所得一次收入畸高的，可以实行加成征收。个人取得劳务报酬收入的应纳税所得额一次超过20 000~50 000元的部分，按照税法规定计算应纳税额后，再按照应纳税额加征5成；超过50 000元的部分，加征10成。

每次应税所得额，是指每次收入额减去费用800元（每次收入额不超过4 000元时）或者减除20%的费用（每次收入额超过4 000元时）后的余额。劳务报酬所得个人所得税税率如表3-4所示。

表3-4　　　　　　劳务报酬所得个人所得税税率表

级数	每次应纳税所得额	税率（%）	速算扣除数（元）
1	不超过20 000元的	20	0
2	超过20 000元~50 000元的部分	30	2 000
3	超过50 000元的部分	40	7 000

（5）特许权使用费所得，利息、股息、红利所得，财产租赁所得，财产转让所得，偶然所得和其他所得，适用比例税率，税率为20%。从2007年8月15日起，居民储蓄利息税率调为5%，自2008年10月9日起暂免征收储蓄存款利息的个人所得税。对个人出租住房取得的所得减按10%的税率征收个人所得税。

（四）个人所得税应纳税额的计算

（1）工资、薪金所得，以每月收入额减除费用3 500元或4 800元后的余额，为应纳税所得额。

$$应纳税额 = 应纳税所得额 \times 适用税率 - 速算扣除数$$
$$= (每月收入额 - 3\,500\,元或\,4\,800\,元)$$
$$\times 适用税率 - 速算扣除数$$

【例 3 - 8】 2014 年 3 月，假定某纳税人含税工资 7 000 元人民币，该纳税人不适用减除费用规定。则相关应纳个人所得税税额计算如下：

① 应纳税所得额 = 7 000 - 3 500 = 3500（元）

② 应纳税额 = 1 500 × 3% + 2 000 × 10% = 245（元）

或者 = 3 500 × 10% - 105 = 245（元）

（2）个体工商户的生产、经营所得，以每一纳税年度的收入总额减除成本、费用及损失后的余额，为应纳税所得额。

$$应纳税额 = 应纳税所得额 \times 适用税率 - 速算扣除数$$
$$= (收入总额 - 成本、费用以及损失等) \times 适用税率$$
$$- 速算扣除数$$

【例 3 - 9】 某小型个体工商户，账证齐全。2014 年取得营业额 100 000 元，准许其扣除的当年成本、费用及相关税金合计为 60 000 元。该个体工商户 2014 年应交个人所得税计算如下：

① 应纳税所得额 = 100 000 - 60 000 = 40 000（元）

② 应纳税额 = 40 000 × 20% - 3 750 = 4 250（元）

（3）对企事业单位的承包经营、承租经营所得，以每一纳税年度的收入总额，减除必要的费用后的余额，为应纳税所得额。减除必要费用，是指按月减除 3 500 元。

$$应纳税额 = 应纳税所得额 \times 适用税率 - 速算扣除数$$
$$= (纳税年度收入总额 - 必要费用) \times 适用税率$$
$$- 速算扣除数$$

【例 3 - 10】 2012 年 2 月 1 日，温某与事业单位签订承包合同经营招待所，承包期为3年。2013年招待所实现承包经营利润200 000元（未扣除承包人工资报酬），按照合同规定承包人每年应从承包经营利润中上缴承包费50 000元。2013年应纳个人所得税税额计算如下：

① 2013年应纳税所得额 = 200 000 - 50 000 - 3 500 × 12
　　　　　　　　　　　= 108 000（元）

② 应纳税额 = 108 000 × 35% - 14 750 = 23 050（元）

（4）劳务报酬所得应纳税所得额的计算公式：

每次收入不足4 000元的，应纳税额 =（每次收入额 - 800）× 20%

每次收入超过4 000元的，应纳税额 = 每次收入额 ×（1 - 20%）× 20%

每次收入的应纳税所得额超过20 000元的，应纳税额 = 每次收入额 ×（1 - 20%）× 适用税率 - 速算扣除数

【例3-11】2014年3月，发生的应纳个人所得税业务如下：

① 某明星章某，一次取得表演收入700 000元，则相关应纳个人所得税税额计算如下：

应纳税额 = 700 000 ×（1 - 20%）× 40% - 7 000 = 15 400（元）

② 某歌星汪某，一次表演收入为7 000元，则相关应纳个人所得税税额计算如下：

应纳税额 = 7 000 ×（1 - 20%）× 20% = 1 120（元）

③ 若汪某一次表演收入仅为900元，则相关应纳个人所得税税额计算如下：

应纳税额 =（900 - 800）× 20% = 20（元）

（5）稿酬所得应纳税额的计算公式为：

每次收入不足4 000元的，应纳税额 =（每次收入额 - 800）× 20% ×（1 - 30%）

每次收入在4 000元以上的，应纳税额 = 每次收入额 ×（1 -

20%) × 20% × (1 - 30%)

【例 3 - 12】2014 年 3 月，作家郭某取得一次未扣除个人所得税的稿酬收入 100 000 元，则相关应纳个人所得税税额计算如下：

应纳税额 = 100 000 × (1 - 20%) × 20% × (1 - 30%)

$\qquad$ = 11 200 （元）

（6）财产转让所得应纳税额的计算公式为：

应纳税额 = 应纳税所得额 × 适用税率

$\qquad$ = （收入总额 - 财产原值 - 合理税费）× 20%

（7）利息、股息、红利所得应纳税额的计算公式为：

应纳税额 = 应纳税所得额 × 适用税率 = 每次收入额 × 20%

（五）个人所得税征收管理

1. 自行申报

自行申报是由纳税人自行在税法规定的纳税期限内，向税务机关申报取得的应税所得项目和数额，如实填写个人所得税纳税申报表，并按照税法规定计算应纳税额，据此缴纳个人所得税的一种方法。

下列人员为自行申报纳税的纳税义务人：

（1）年所得 12 万元以上的；

（2）从中国境内两处或者两处以上取得工资、薪金所得的；

（3）从中国境外取得所得的；

（4）取得应纳税所得，没有扣缴义务人的；

（5）国务院规定的其他情形。

2. 代扣代缴

代扣代缴是指按照税法规定负有扣缴税款义务的单位或个人，在向个人支付应纳税所得时，应计算应纳税额，从其所得中扣除并缴入国库，同时向税务机关报送扣缴个人所得税报告表。

凡支付个人应纳税所得的企业、事业单位、社会团体、军队、驻华机构（不含依法享有外交特权和豁免的驻华使领馆、联合国及其国际组织驻华机构）、个体户等单位或者个人，为个人所得税的扣缴义务人。

第三节　税收征收管理

税收征收管理是税务机关代表国家行使征税权，对日常税收活动进行有计划地组织、指挥、控制和监督的活动，是对纳税人履行纳税义务采用的一种管理、征收和检查行为，是实现税收职能的必要手段。税收征管包括税务登记、发票管理、纳税申报、税款征收、税务检查和法律责任等环节。

一、税务登记

税务登记是税务机关依据税法规定，对纳税人的生产经营活动进行登记管理的一项法定制度，也是纳税人依法履行纳税义务的法定手续。税务登记是整个税收征收管理的起点。

税务登记种类包括：开业登记，变更登记，停业、复业登记，注销登记，外出经营报验登记，纳税人税种登记，扣缴税款登记等。

（一）开业登记

开业登记，是指从事生产经营活动的纳税人，经国家行政管理部门批准设立后办理的纳税登记。

（1）生产、经营的纳税人领取工商营业执照（含临时工商营业执照）的，应当自领取工商营业执照之日起30日内申报办理设立税务登记，税务机关核发税务登记证及副本（纳税人领取临时工商营业执照的，税务机关核发临时税务登记证及副本）。

（2）从事生产、经营的纳税人未办理工商营业执照但经有关部门批准设立的，应当自有关部门批准设立之日起 30 日内申报办理税务登记，税务机关核发税务登记证及副本。

（3）从事生产、经营的纳税人未办理工商营业执照也未经有关部门批准设立的，应当自纳税义务发生之日起 30 日内申报办理设立税务登记，税务机关核发临时税务登记证及副本。

（4）有独立生产经营权、在财务上独立核算并定期向发包人或者出租人上交承包费或租金的承包承租人，应当自承包承租合同签订之日起 30 日内，向其承包承租业务发生地税务机关申报办理设立税务登记，税务机关核发临时税务登记证及副本。

（5）从事生产、经营的纳税人外出经营，自其在同一县（市）实际经营或提供劳务之日起，在连续的 12 个月内累计超过 180 天的，应当自期满之日起 30 日内，向生产、经营所在地税务机关申报办理设立税务登记，税务机关核发临时税务登记证及副本。

（6）境外企业在中国境内承包建筑、安装、装配、勘探工程和提供劳务的，应当自项目合同或协议签订之日起 30 日内，向项目所在地税务机关申报办理设立税务登记，税务机关核发临时税务登记证及副本。

上述以外的其他纳税人，除国家机关、个人和无固定生产、经营场所的流动性农村小商贩外，均应当自纳税义务发生之日起 30 日内，向纳税义务发生地税务机关申报办理税务登记，税务机关核发税务登记证及副本。

（二）变更登记

变更税务登记是指纳税人在办理税务登记后，因登记内容发生变化时需要对原有登记内容进行更改，应当向原税务机关申报办理税务登记。

纳税人办理税务登记后，如发生下列情形之一，应当办理变更税务登记：（1）改变名称或法定代表人；（2）改变经济性质或经济类型；（3）改变住所或经营地点（不涉及主管税务机关变动）；（4）改变生产经营范围、经营方式或经营期限；（5）改变注册资本；（6）改变隶属关系、生产经营权属或增减分支机构；（7）改变开户银行和账号；（8）改变其他税务登记内容。

纳税人应自工商管理机关或其他机关办理变更登记之日起30日内，申报办理变更登记。

（三）停业、复业登记

停业、复业登记是纳税人暂停和恢复生产经营活动而办理的纳税登记。

实行定期定额征收的纳税人在营业执照核准的经营期限内需要停业的，应当向税务机关提出停业登记，说明停业的理由、时间、停业前的纳税情况和发票的领用、保存情况，如实填写申请停业登记表。

纳税人应于恢复生产经营之前，向税务机关提出复业登记申请，经确认后办理复业登记。

纳税人的停业期限不得超过1年。纳税人停业期不能及时恢复生产经营的，应当在停业期满前向税务机关提出延长停业登记。纳税人停业期满未按期复业又不申请延长停业的，税务机关应当视为已恢复营业，实施正常的税收征收管理。

（四）注销登记

注销税务登记是指纳税人由于法定的原因终止纳税义务时，向原税务机关申请办理的取消税务登记的手续。办理注销税务登记后，该当事人不再接受原税务机关管理。

纳税人发生解散、破产、撤销以及其他情形，依法终止纳税义务的，应当在向工商行政管理机关或者其他机关办理注销登记前，持有关证件向原税务登记机关申报办理注销税务登记。

（五）外出经营报验登记

《外出经营活动税收管理证明》实行一地一证原则。

纳税人到外县（市）临时从事生产经营活动，应当持税务登记副本和所在地税务机关开具的《外出经营活动税收管理证明》，向营业地税务机关报验登记，接受税务管理。

纳税人外出经营活动结束，应当向经营地税务机关填报《外出经营活动情况申报表》，按规定结清税款、缴销未使用完的发票。并由经营地税务机关在《外出经营活动税收管理证明》上注明纳税人的经营、纳税及发票使用情况，在《外出经营活动税收管理证明》有效期满 10 日内，纳税人应回到主管税务机关办理《外出经营活动税收管理证明》缴销手续。

（六）纳税人税种登记

纳税人在办理开业或变更税务登记的同时应当申请填报税种登记，由税务机关根据其生产、经营范围及拥有的财产等情况，认定纳税人所适用的税种、税目、税率、报缴税款期限、征收方式和缴库方式等。税务机关依据《纳税人税种登记表》所填写的项目，自受理之日起 3 日内进行税种登记。

（七）扣缴义务人扣缴税款登记

扣缴义务人包括代扣代缴税款义务人和代收代缴税款义务人。代扣代缴指个人所得税由支付应税所得的单位代扣代缴。代收代缴指消费税中的委托加工由受托方代收加工产品的税款。

已办理税务登记的扣缴义务人应当在扣缴义务发生后向税务登记地税务机关申报办理扣缴税款登记。税务机关在其税务登记证件上登记扣缴税款事项，税务机关不再发给扣缴税款登记证件。

根据税收法律、行政法规的规定可不办理税务登记的扣缴义务人，应当在扣缴义务发生后向机构所在地税务机关申报办理扣缴税款登记，税务机关核发扣缴税款登记证件。

二、发票开具与管理

（一）发票的种类

发票是指在购销商品、提供劳务或接受劳务、服务以及从事其他经营活动所提供给对方的收付款的书面证明，既是财务收支的法定凭证，也是会计核算的原始依据，是审计机关、税务机关执法检查的重要依据。发票按照不同标准有不同分类。较为常见的有以下三种：

1. 增值税专用发票

增值税专用发票是指专门用于结算销售货物和提供加工、修理修配劳务使用的一种发票。增值税专用发票只限于增值税一般纳税人领购使用，增值税小规模纳税人不得领购使用。一般纳税人有下列情形之一的，不得领购开具专用发票：（1）会计核算不健全，不能向税务机关准确提供增值税销项税额、进项税额、应纳税额数据及其他有关增值税税务资料；（2）有《税收征管法》规定的税收违法行为，拒不接受税务机关处理的；（3）有下列行为之一，经税务机关责令限期改正而仍未改正的：

① 虚开增值税专用发票；

② 私自印制专用发票；

③ 向税务机关以外的单位和个人买取专用发票；

④ 借用他人专用发票；

⑤ 未按规定开具专用发票的；

⑥ 未按规定保管专用发票和专用设备；

⑦ 未按规定申请办理防伪税控系统变更发行；

⑧ 未按规定接受税务机关检查。

有上列情形的，如已领购专用发票，主管税务机关应暂扣其结存的专用发票和 IC 卡。

专用发票由基本联次或者基本联次附加其他联次构成，基本联次为三联：发票联、抵扣联和记账联。发票联，作为购买方核算采购成本和增值税进项税额的记账凭证；抵扣联，作为购买方报送主管税务机关认证和留存备查的凭证；记账联，作为销售方核算销售收入和增值税销项税额的记账凭证。其他联次用途，由一般纳税人自行确定。

2. 普通发票

普通发票由小规模纳税人使用，增值税一般纳税人在不能开具专用发票的情况下也可使用普通发票。普通发票由行业发票和专用发票组成。前者适用于某个行业的经营业务，如商业零售统一发票、商业批发发票。后者仅适用于某一经营项目，如商品房销售发票、广告费用结算发票等。

普通发票一般为三联：第一联为存根联，开票方留存备查；第二联为发票联，收执方作为付款或收款原始凭证；第三联为记账联，开票方作为记账原始凭证。

3. 专业发票

专业发票是指国有金融、保险企业的存贷、汇兑、转账凭证、保险凭证；国有邮政、电信企业的邮票、邮单、话务、电报收据；国有铁路、国有航空企业和交通部门、国有公路、水上运输企业的客票、货票等。经国家税务总局或省、自治区税务机关批准，专业发票可由政府和主管部门自行管理，不套印税务机关统一发票监制章，也可根据税务征管的需要纳入统一发票管理。

专业发票从版面上可划分为手写发票、电脑发票和定额发票三种。手写发票，是指用手工书写形式填开的发票。电脑发票，指用计算机填写并用其附设的打印机打出票面内容的发票。这类发票包括普通计算机用及防伪专用计算机用（如防伪税控机）的发票。定额发票，指发票票面印有固定的金额的发票。这类发票主要是防止开具发票时大头小尾以及方便一些特殊行业或有特殊需要的企业使用。

(二) 发票的开具要求

单位和个人在销售商品、提供服务以及从事其他经营活动时,对外发生经营业务收取款项,收款方应向付款方开具发票;所有单位和从事生产、经营活动的个人在购买商品、接受服务以及从事其他经营活动支付款项时,应向收款方取得发票。开具发票必须做到:

(1) 单位和个人应在发生经营业务、确认营业收入时,才能开具发票。未发生经营业务,一律不得开具发票。

(2) 单位和个人开具发票时应按号码顺序填开,填写项目齐全、内容真实、字迹清楚、全部联次一次性复写或打印,内容完全一致,并在发票联和抵扣联加盖单位发票专用章。

(3) 填写发票应当使用中文。民族自治地区可以同时使用当地通用的一种民族文字。

(4) 使用电子计算机开具发票必须报主管税务机关批准,并使用税务机关统一监制的机打发票。开具后的存根联应当按照顺序号装订成册,以备税务机关检查。

(5) 开具发票时限、地点应符合规定。

(6) 任何单位和个人不得转借、转让、代开发票;不得拆本使用发票;不得自行扩大专业发票适用范围。禁止倒买倒卖发票等违法行为。已开具的发票存根联和发票登记簿应当保存5年。

三、纳税申报

纳税申报是指纳税人、扣缴义务人按照税法规定的期限和内容向税务机关提交有关纳税事项书面报告的法律行为,是纳税人、扣缴义务人履行纳税义务、承担法律责任的主要依据,是税务机关税收管理信息的主要来源和税务管理的一项重要制度。纳税人办理纳税申报主要采取以下几种方式:直接申报、邮寄申报、数据电文、简易申报。

（一）直接申报

直接申报是指纳税人和扣缴义务人自行到税务机关办理纳税申报或者报送代扣代缴、代收代缴报告表，这是一种传统申报方式。直接申报可以分为直接到办税服务厅申报、到巡回征收点申报和到代征点申报三种。

（二）邮寄申报

邮寄申报是指经税务机关批准的纳税人、扣缴义务人使用统一规定的纳税申报特快专递专用信封，通过邮政部门办理交寄手续，并向邮政部门索取收据作为申报凭据的方式。邮寄申报以寄出的邮戳日期为实际申报日期。凡实行查账征收方式的纳税人，经主管税务机关批准，可以采用邮寄纳税申报的办法。邮寄申报的邮件内容包括纳税申报表、财务会计报表以及税务机关要求纳税人报送的其他纳税资料。

（三）数据电文申报

数据电文申报是指经税务机关批准的纳税人、扣缴义务人经由电子手段、光学手段或类似手段生成、储存或传递的信息，这些手段包括电子数据交换、电子邮件、电报、电传或传真等。如目前纳税人的网上申报就是数据电文申报的一种形式。采用数据电文形式进行纳税申报的具体日期，是以纳税人将申报数据发送到税务机关特定系统，该数据电文进入特定系统的时间，视为申报时间。

采用数据电文方式进行纳税申报或者报送代扣代缴、代收代缴报告表的，还应在申报结束后，在规定的时间内，将电子数据的材料书面报送（邮寄）税务机关；或者按税务机关的要求保存，必要时按税务机关的要求出具。税务机关收到的纳税人数据电文与报送的书面资料不一致时，应以书面数据为准。

（四）简易申报

简易申报是指实行定期定额征收方式的纳税人，经税务机关批准，通过以缴纳税款凭证代替申报并可简并征期的一种申报方式。这种申报方式是以纳税人便利纳税为原则设置的。

（五）其他方式

其他方式是指纳税人、扣缴义务人采用直接办理、邮寄办理、数据电文办理以外的方法向税务机关办理纳税申报或者报送代扣代缴、代收代缴报告表。如纳税人、扣缴义务人委托他人代理向税务机关办理纳税申报或者报送代扣代缴、代收代缴报告表等。

四、税款征收

（一）税款征收方式

税款征收是税务机关依照税收法律、法规的规定，将纳税人应当缴纳的税款组织入库的一系列活动的总称。根据《税收征收管理法》及其实施细则的规定，税务机关依照法律、行政法规的规定征收税款，不得违反法律、行政法规的规定开征、停征、多征、少征、提前征收、延缓征收或者摊派税款。除税务机关、税务人员以及经税务机关依照法律、行政法规委托的单位和人员外，任何单位和个人不得进行税款征收活动。

为了确保税款顺利足额征收，税务机关可以根据各税种的不同特点和纳税人的具体情况，确定不同的计算、征收税款形式和方法。目前的税款征收方式主要有以下几种：

1. 查账征收

查账征收是指税务机关对财务健全的纳税人，依据其报送的纳税申报表、财务会计报表和其他有关的纳税资料，计算应纳税款，填写缴款书或完税证明，由纳税人到银行划解税款的征收方式。这种方式较为规范，符合课税法定的基本原则，适用于经营规模较大、财务会计制度较为健全、能够认真履行纳税义务的纳税单位。这些单位经税务机关审定同意，可以进行自行申报纳税，并按照税务机关的要求，每年进行一到两次纳税自查，税务

机关根据企业纳税情况进行纳税检查，然后按照税务机关检查的
结果，办理退税和补税手续。

2. 查定征收

查定征收是由税务机关根据纳税人的从业人员、生产设备、
耗用原材料等因素，在正常生产经营条件下，对纳税人生产的应
税产品查实核定产量、销售额并据以计算征收税款的一种方式。
查定征收仅适用于生产经营规模较小、产品零星、税源分散、会
计核算不健全但能控制原材料或进销货的小型厂矿和作坊。

3. 查验征收

查验征收是指税务机关对纳税人应税商品，通过查验数量，
按市场一般销售单价计算其销售收入并据以征税的方式。这种方
式一般适用于经营品种比较单一，经营地点、时间和商品来源不
固定的纳税单位，如城乡集贸市场中的临时经营者和火车站、机
场、码头、公路交通要道等地方的经营者。进行查验征收时，要
做好查验登记，将查验商品的数量、价格、销售量、所征税款等
逐一登记到登记簿上，以掌握税源，严格加强管理。

4. 核定征收

核定征收，是指税务机关对不能完整、准确提供纳税资料的
纳税人采用特定方式确定其应纳税收入或应纳税额，纳税人据以
缴纳税款的一种方式。核定征收适用于以下情况：

（1）依照法律、行政法规的规定可以不设置账簿的；

（2）依照法律、行政法规的规定应当设置账簿但未设置的；

（3）擅自销毁账簿或者拒不提供纳税资料的；

（4）虽设置账簿，但账目混乱，或者成本资料、收入凭证、
费用凭证残缺不全，难以查账的；

（5）发生纳税义务，未按照规定的期限办理纳税申报，经
税务机关责令限期申报，逾期仍不申报的；

（6）纳税人申报的计税依据明显偏低，又无正当理由的。

5. 定期定额征收

定期定额征收，又称双定征收，是指税务机关依法核定纳税人在一定经营时间内应纳税收入（或所得额）和应纳税额，分期征收税款的一种征收方式。这种方式适用于生产、经营规模小，确实没有建账能力，经过主管税务机关审核，报经县级以上税务机关批准，可以不设置账簿或者暂缓建账的个体工商户（包括个人独资企业）。

6. 代扣代缴

代扣代缴是指按照税法规定，负有扣缴税款义务的单位和个人，负责对纳税人应纳的税款进行代扣代缴的一种方式。即由支付人在向纳税人支付款项时，从所支付的款项中依法直接扣收税款并代为缴纳。其目的是对零星分期、不易控制的税源实行源头控制。包括向纳税人支付收入的单位和个人，为纳税人办理汇总存贷业务的单位。这种征收方式有利于加强对税源控制，减少税款流失，降低税收成本，手续也比较简单。

7. 代收代缴

代收代缴是指按照税法规定，负有收缴税款义务的单位和个人，负责对纳税人应纳的税款进行代收代缴的一种方式。即由与纳税人有经济业务往来的单位和个人在向纳税人收取款项时依法收取税款。

代扣代缴和代收代缴的区别：代扣代缴义务人直接持有纳税人的收入从中直接扣除纳税人的应纳税款；代收代缴义务人在与纳税人经济往来中收取纳税人的应纳税款并代为缴纳。这种征收方式一般适用于税收网络覆盖不到或税源很难控制的领域，如受托加工应缴消费税的消费品，由受托方代收代缴的消费税。

8. 委托代征税款

委托代征税款是指税务机关委托代征人以税务机关的名义征

收税款，并将税款缴入国库的方式。这种方式一般适用于小额、零散税源的征收。这种征收方式的适当使用有利于控制税源，方便征纳双方，降低征收成本。

9. 其他方式

除上述方式外，随着科学技术的发展和征收改革的不断推进，新的更方便、快捷、安全、有效的税款征收方式会有所发展并完善，如采取网络申报、IC 卡纳税、邮寄纳税等其他方式。

(二) 税收保全措施

1. 税收保全措施适用情形

税务机关有根据认为从事生产、经营的纳税人有逃避纳税义务行为的，可以在规定的纳税期之前，责令限期缴纳应纳税款；在限期内发现纳税人有明显的转移、隐匿其应纳税的商品、货物以及其他财产或者应纳税收入迹象的，税务机关可以责成纳税人提供纳税担保。如果纳税人不能提供纳税担保，经县以上税务局（分局）局长批准可以采取税收保全措施。

2. 税收保全的措施

（1）书面通知纳税人开户银行或者其他金融机构冻结纳税人的金额相当于应纳税款的存款。

（2）扣押、查封纳税人的价值相当于应纳税款的商品、货物或者其他财产。

3. 税收保全的解除

纳税人在采取税收保全措施后按照税务机关规定的期限缴纳税款的，税务机关必须立即解除税收保全措施；限期期满仍未缴纳税款的，经县以上税务局（分局）局长批准，税务机关可以书面通知纳税人开户银行或者其他金融机构从其冻结的存款中扣缴税款，或者依法拍卖或者变卖所扣押、查封的商品、货物或者其他财产，以拍卖或者变卖所得抵缴税款。纳税人在限期内已缴纳税款，税务机关未立即解除税收保全措施，使纳税人合法权益受损失的，税务机关应当承担赔偿责任。

4. 不适用税收保全的财产

个人及其所扶养家属维持生活必需的住房和用品，不在税收保全措施的范围之内。

（三）税收强制执行措施

1. 税收强制执行措施的适用情形

从事生产、经营的纳税人未按照规定的期限缴纳或者解缴税款，纳税担保人未按照规定的期限缴纳所担保的税款，由税务机关责令限期缴纳，逾期仍未缴纳的，经县以上税务局（分局）局长批准，税务机关可以采取强制执行措施。

2. 税收强制执行措施适用的前提条件

（1）从事生产、经营的纳税人、扣缴义务人未按规定的期限缴纳或者解缴税款，纳税担保人未按照规定的期限缴纳所担保的税款，由税务机关责令限期缴纳，逾期仍未缴纳。

（2）对已采取税收保全措施的纳税人，限期内仍未履行纳税义务的，可依法采取税收强制执行措施。

3. 税收强制执行措施的形式

税务机关可以采取下列强制执行措施：

（1）书面通知其开户银行或者其他金融机构从其存款中扣缴税款；

（2）依法拍卖或者变卖其价值相当于应纳税款的商品、货物或者其他财产，以拍卖或者变卖所得抵缴税款。

税务机关采取强制执行措施时，对上述纳税人、扣缴义务人、纳税担保人未缴纳的滞纳金同时强制执行。个人及其所扶养家属维持生活必需的住房和用品，不在强制执行措施的范围之内。

（四）税款的退还与追征

1. 税款的退还

依据《税收征管法》第五十一条的规定，纳税人不论何种原因超过应纳税额多缴纳的税款，税务机关发现后应当立即退还；纳税人自结算缴纳税款之日起 3 年内发现的，可以向税务机关要求退还多缴的税款并加算银行同期存款利息，税务机关及时查实后应立即退还；涉及从国库中退库的，依照法律、行政法规有关国库管理的规定退还。如果纳税人在结清缴纳税款之日起 3 年后才向税务机关提出退还多缴税款要求的，税务机关将不予受理。

2. 税款的追征

《税收征管法》第五十二条规定，税务机关对超过纳税期限未缴或少缴税款的纳税人可以在规定的期限内予以追征。根据该条规定，税款的追征具体有以下三种情形：

（1）因税务机关的责任，致使纳税人、扣缴义务人未缴或者少缴款的，税务机关在 3 年内可以要求纳税人、扣缴义务人补缴税款，但是不得加收滞纳金；

（2）因纳税人、扣缴义务人计算错误等失误，未缴或者少缴款的，税务机关在 3 年内可以追征税款，并加收滞纳金；有特殊情况的（即数额在 10 万元以上的），追征期可以延长到 5 年；

（3）对因纳税人、扣缴义务人和其他当事人偷税、抗税、骗税等原因而造成未缴或者少缴的税款，或骗取的退税款，税务机关可以无限期追征。

五、税务代理

（一）税务代理的概念

税务代理指代理人接受纳税主体的委托，在法定的代理范围内依法代其办理相关税务事宜的行为。税务代理人在其权限内，以纳税人（含扣缴义务人）的名义代为办理纳税申报，申办、变更、注销税务登记证，申请减免税，设置保管账簿凭证，进行税务行政复议和诉讼等纳税事项的服务活动。

（二）税务代理的特征

1. 公正性

税务代理机构不是税务行政机关，而是征纳双方的中介机构，因而只能站在公正的立场上，客观地评价被代理人的经济行为；同时代理人必须在法律范围内为被代理人办理税收事宜，独立、公正地执行业务。既维护国家利益，又保护委托人的合法权益。

2. 自愿性

税务代理的选择一般有单向选择和双向选择，无论哪种选择都是建立在双方自愿的基础上的。也就是说，税务代理人实施税务代理行为，应当以纳税人、扣缴义务人自愿委托和自愿选择为前提。

3. 有偿性

税务代理机构是社会中介机构，它不是国家行政机关的附属机构，因此，同其他企事业单位一样要自负盈亏，提供有偿服务，通过代理取得收入并抵补费用，获得利润。

4. 独立性

税务代理机构与国家行政机关、纳税人或扣缴义务人等没有行政隶属关系，既不受税务行政部门的干预，又不受纳税人、扣缴义务人所左右，独立代办税务事宜。

5. 确定性

税务代理人的税务代理范围，是以法律、行政法规和行政规章的形式确定的。因此，税务代理人不得超越规定的内容从事代理活动。税务机关按照法律、行政法规规定委托其代理外，代理人不得代理应由税务机关行使的行政权力。

（三）税务代理的法定业务范围

税务代理的范围是指按照国家有关法律的规定，允许税务代理人从事的业务内容。税务代理的业务范围主要是纳税人、扣缴义务人所委托的各项涉税事宜。

《税务代理业务规程》规定，代理人可以接受纳税人、扣缴义务人的委托，从事以下税务代理：

（1）办理税务登记、变更税务登记和注销税务登记手续；

（2）办理除增值税专用发票外的发票领购手续；

（3）办理纳税申报或扣缴税款报告；

（4）办理缴纳税款和申请退税手续；

（5）制作涉税文书；

（6）审查纳税情况；

（7）建账建制，办理账务；

（8）税务咨询、受聘税务顾问；

（9）税务行政复议手续；

（10）国家税务总局规定的其他业务。

六、税务检查

（一）税务检查的概念

税务检查是税务机关根据税收法律、行政法规的规定，对纳税人、扣缴义务人履行纳税义务、扣缴义务及其他有关税务事项进行审查、核实、监督活动的总称。

（二）税务检查的内容

税务机关有权进行下列税务检查：

（1）检查纳税人的账簿、记账凭证、报表和有关资料，检查扣缴义务人代扣代缴、代收代缴税款账簿、记账凭证和有关资料。税务机关在检查上述资料时，可以在纳税人、扣缴义务人的业务场所进行；必要时，经县以上税务局（分局）局长批准，可以将纳税人、扣缴义务人以前会计年度的账簿、记账凭证、报表和其他有关资料调回税务机关检查，但是税务机关必须向纳税人、扣缴义务人开付清单，并在3个月内完整退还；有特殊情况的，经设区的市、自治州以上税务局局长批准，税务机关可以将纳税人、扣缴义务人当年的账簿、记账凭证、报表和其他有关资料调回检查，但是税务机关必须在 30 日内退还。

（2）到纳税人的生产、经营场所和货物存放地检查纳税人应纳税的商品、货物或者其他财产，检查扣缴义务人与代扣代缴、代收代缴税款有关的经营情况。

（3）责成纳税人、扣缴义务人提供与纳税或者代扣代缴、代收代缴税款有关的文件、证明材料和有关资料。

（4）询问纳税人、扣缴义务人与纳税或者代扣代缴、代收代缴税款有关的问题和情况。

（5）到车站、码头、机场、邮政企业及其分支机构检查纳税人托运、邮寄应纳税商品、货物或者其他财产的有关单据、凭证和有关资料。

（6）经县以上税务局（分局）局长批准，凭全国统一格式的检查存款账户许可证明，查询从事生产、经营的纳税人、扣缴义务人在银行或者其他金融机构的存款账户。税务机关在调查税收违法案件时，经设区的市、自治州以上税务局（分局）局长批准，可以查询案件涉嫌人员的储蓄存款。税务机关查询所获得的资料，不得用于税收以外的用途。税务机关查询的内容，包括纳税人存款账户余额和资金往来情况。税务机关应当指定专人负责，凭全国统一格式的检查存款账户许可证明进行，并有责任为被检查人保守秘密。检查存款账户许可证明，由国家税务总局制定。

（三）税务检查的职责与权限

（1）税务机关对从事生产、经营的纳税人以前纳税期的纳税情况依法进行税务检查时，发现纳税人有逃避纳税义务行为，并有明显的转移、隐匿其应纳税的商品、货物以及其他财产或者应纳税的收入的迹象的，可以按照《税收征收管理法》规定的批准权限采取税收保全措施或者强制执行措施。税务机关采取税收保全措施的期限一般不得超过 6 个月；重大案件需要延长的，应当报国家税务总局批准。

（2）纳税人、扣缴义务人必须接受税务机关依法进行的税务检查，如实反映情况，提供有关资料，不得拒绝、隐瞒。

（3）税务机关依法进行税务检查时，有权向有关单位和个人调查纳税人、扣缴义务人和其他当事人与纳税或者代扣代缴、代收代缴税款有关的情况，有关单位和个人有义务向税务机关如实提供有关资料及证明材料。

（4）税务机关调查税务违法案件时，对与案件有关的情况和资料，可以记录、录音、录像、照相和复制。

（5）税务机关派出的人员进行税务检查时，应当出示税务检查证和税务检查通知书，并有责任为被检查人保守秘密；未出示税务检查证和税务检查通知书的，被检查人有权拒绝检查。税务机关对集贸市场及集中经营业户进行检查时，可以使用统一的税务检查通知书。

七、税收法律责任

税收法律责任，是指税收法律关系的主体因违反税收法律规范所应承担的法律后果。税收法律责任依其性质和形式的不同，可分为行政责任和刑事责任；根据承担法律责任主体的不同，可分为纳税人的责任、扣缴义务人的责任、税务机关及其工作人员的责任。

明确规定税收法律责任，不仅有利于维护正常的税收征纳秩序，确保国家的税收收入及时足额入库，而且有利于增强税法的威慑力，为预防和打击税收违法犯罪行为提供有力的法律武器，也有利于维护纳税人的合法权益。

根据税收征收管理的性质和特点，税收违法行为承担的法律责任形式包括行政法律责任和刑事法律责任两大类。

（一）税收违法的行政处罚

税收违法行政处罚是指依法享有税务行政处罚权的税务机关

依法对公民、法人或其他经济组织违反税收法律、法规或规章，尚未构成犯罪的税务违法行为给予的一种税务行政制裁。

1. 责令限期改正

责令限期改正是税务机关对违反法律、行政法规所规定义务的当事人的谴责和申诫。责令限期改正主要适用于情节轻微或尚未构成实际危害后果的违法行为，是一种较轻的处罚形式。

2. 罚款

罚款是对违反税收法律、法规，不履行法定义务的当事人的一种经济上的处罚。由于罚款既不影响被处罚人的人身自由和其合法活动，又能对违法行为起到惩戒作用，因而是税务行政处罚中应用最广的一种。

3. 没收财产

没收财产是对相对一方当事人的财产权予以剥夺的处罚。具体有没收财物和违法所得两种情况：前者是财物虽为相对一方当事人所有，但因其用于非法活动而被没收；后者是对相对一方当事人非法所得的财物予以没收。

4. 收缴未用发票和暂停供应发票

对于从事生产、经营的纳税人、扣缴义务人有违反税收征收管理法规定的税收违法行为，拒不接受税务机关处理的，税务机关可以收缴其发票或者停止向其发售发票。

5. 停止出口退税权

对骗取国家出口退税税款的，税务机关可以在规定期间内停止为其办理出口退税。

（二）税收违法的刑事处罚

税务刑事处罚是指享有刑事处罚权的国家机关对违反税收刑事法律规范，依法应当给予刑事处罚的公民、法人或其他组织法律制裁的行为。主要有以下几种形式：

（1）拘役。剥夺犯罪分子的短期自由，就近进行改造。适用于罪行较轻又需要关押的犯罪分子。拘役期限为 15 天以上 6 个月以下。

（2）判处徒刑。徒刑分为有期徒刑和无期徒刑两种。有期徒刑是剥夺犯罪分子一定期限的人身自由，实行强制劳动改造的刑罚。无期徒刑则是剥夺犯罪分子的终身自由，实行强制劳动改造的刑罚。

（3）罚金。罚金是判处犯罪分子向国家缴纳一定金额金钱的刑罚。罚金是一种轻刑，单处罚金一般只适用于轻微犯罪；在主刑后附加并处罚金适用于较重的犯罪。

（4）没收财产。没收财产是将犯罪分子个人所有财产的一部分或全部强制无偿地收归国家所有的刑罚。没收财产是重于罚金的财产刑，主要适用于严重经济犯罪。

八、税务行政复议

税务行政复议是我国行政复议制度的一个重要组成部分。税务行政复议是指当事人（纳税人、扣缴义务人、纳税担保人及其他税务当事人）不服税务机关及其工作人员作出的税务具体行政行为，依法向上一级税务机关或者法定复议机关提出申请，复议机关经审理对原税务机关具体行政行为依法作出维持、变更、撤销等决定的活动。

（一）复议范围

税务行政复议的范围，即税务行政复议的受案范围，它既是公民、法人和其他组织可以申请税务行政复议的范围，也是复议机关有复议审查权的税务行政行为的范围或受理税务行政复议案件的范围。

（1）征税行为，包括确认纳税主体、征税对象、征税范围、减税、免税、退税、抵扣税款、适用税率、计税依据、纳税环节、纳税期限、纳税地点和税款征收方式等具体行政行为，征收税款、加收滞纳金，扣缴义务人、受税务机关委托的单位和个人作出的代扣代缴、代收代缴、代征行为等。

（2）行政许可、行政审批行为。

（3）发票管理行为，包括发售、收缴、代开发票等。

（4）税收保全措施、强制执行措施。

（5）行政处罚行为：罚款；没收财物和违法所得；停止出口退税权。

（6）不依法履行下列职责的行为：颁发税务登记；开具、出具完税凭证、外出经营活动税收管理证明；行政赔偿；行政奖励；其他不依法履行职责的行为。

（7）资格认定行为。

（8）不依法确认纳税担保行为。

（9）政府信息公开工作中的具体行政行为。

（10）纳税信用等级评定行为。

（11）通知出入境管理机关阻止出境行为。

（12）其他具体行政行为。

申请人对复议范围中第1项规定的行为不服的，应当先向复议机关申请行政复议，对复议决定不服的，可以再向人民法院提起行政诉讼。对第1项规定以外的其他具体行政行为不服的，可以申请行政复议，也可以直接向人民法院提起行政诉讼。

（二）复议管辖

对各级国家税务局的具体行政行为不服的，向其上一级国家税务局申请行政复议。

对各级地方税务局的具体行政行为不服的，可以选择向其上一级地方税务局或该税务局的本级人民政府申请行政复议；省、自治区、直辖市人民代表大会及其常务委员会、人民政府对地方税务局的行政复议管辖另有规定的，从其规定。

对国家税务总局的具体行政行为不服的，向国家税务总局申请行政复议。对行政复议决定不服，申请人可以向人民法院提起行政诉讼，也可以向国务院申请裁决。国务院的裁决为最终裁决。

（三）行政复议决定

1. 行政复议的决定做出

行政复议机关应当自受理申请之日起 60 日内作出行政复议决定。

2. 行政复议决定的种类

（1）具体行政行为认定事实清楚，证据确凿，适用依据正确，程序合法，内容适当的，决定维持。

（2）被申请人不履行法定职责的，决定其在一定期限内履行。

（3）具体行政行为有下列情形之一的，复议机关应决定撤销、变更或者确认该具体行政行为违法：

主要事实不清、证据不足的；适用依据错误的；违反法定程序的；超越职权或者滥用职权的；具体行政行为明显不当的。

（4）申请人在申请行政复议时可以一并提出行政赔偿请求，复议机关对符合国家赔偿法的规定应当赔偿的，在决定撤销、变更具体行政行为或者确认具体行政行为违法时，应当同时决定被申请人依法给予赔偿。

3. 行政复议决定的效力

行政复议决定书一经送达，即发生法律效力。

课 后 习 题

一、单项选择题

1. 下列各项中，属于财产税的是（　　）。

    A. 增值税　　　　　　　　B. 消费税

    C. 房产税　　　　　　　　D. 城市维护建设税

答案：C

2. 下列各类型增值税中，在计算增值税时允许将当期购入的固定资产全部扣除的是（　　）。

　　A. 消费型增值税　　　　　　B. 收入型增值税

　　C. 生产型增值税　　　　　　D. 成本型增值税

答案：A

3. 下列各项中，属于增值税一般纳税人的是（　　）。

　　A. 非企业性单位

　　B. 除个体经营者以外的其他个人

　　C. 不经常发生增值税应税行为的企业

　　D. 年应税销售额超过小规模纳税人标准的企业

答案：D

4. 下列各项中，属于增值税基本税率的是（　　）。

　　A. 6%　　　　B. 11%　　　　C. 13%　　　　D. 17%

答案：D

5. 2013 年 6 月，甲酒厂（增值税一般纳税人）销售粮食白酒开具增值税专用发票，收取含税价款 93 600 元，就此项业务，该酒厂 2013 年 6 月增值税销项税额应为（　　）元。

　　A. 10 000　　　　　　　　B. 12 000

　　C. 13 600　　　　　　　　D. 17 000

答案：C

6. 乙电器修理部（小规模纳税人）2013 年 5 月取得含税修理收入 10 300 元，该修理部应纳增值税为（　　）元。

　　A. 300　　　　B. 500　　　　C. 600　　　　D. 800

答案：A

7. 下列各项中，不属于消费税纳税期限的是（　　）。

　　A.1 日　　　　　　　　　　B.3 日

　　C.1 年　　　　　　　　　　D.1 个季度

答案：C

8. 纳税人将不动产或者土地使用权无偿赠与他人，其纳税义务发生的时间为（　　　）。

    A. 使用权转移 5 日内　　　　B. 使用权转移当天

    C. 使用权转移 15 日内　　　D. 使用权转移一个月内

答案：B

9. 下列各项中，属于需要国家重点扶持的高新技术企业的所得税税率是（　　　）。

    A. 15%　　　B. 20%　　　C. 25%　　　D. 30%

答案：A

10. 在税款征收方式中，查账征收方式一般适用于（　　　）。

    A. 无完整考核依据的小型纳税单位

    B. 账册不够健全，但能够控制原材料或进销存的纳税单位

    C. 财务会计制度较为健全，能够认真履行纳税义务的纳税单位

    D. 经营品种比较单一，经营地点、时间和商品来源不固定的纳税单位

答案：C

二、多项选择题

1. 下列各项中，属于税收作用的有（　　　）。

    A. 调控经济　　　　　　　　B. 维护国家政权

    C. 组织财政收入　　　　　　D. 在经济交往中维护国家利益

答案：ABCD

2. 下列各项中，属于税收特征的有（　　　）。

    A. 强制性　　B. 无偿性　　C. 固定性　　D. 灵活性

答案：ABC

3. 下列各项中，构成税法的最基本的要素有（　　　）。

    A. 税率
               B. 征税人

    C. 征税对象
          D. 纳税义务人

答案：ACD

4. 下列各项中，属于增值税征收范围的有（　　　）。

    A. 销售的货物

    B. 销售不动产

    C. 进口的货物

    D. 提供的加工、修理修配劳务

答案：ABCD

5. 下列行为中，属于视同销售货物的有（　　　）。

    A. 销售代销货物

    B. 将自产或委托加工的货物用于非增值税应税项目

    C. 将自产、委托加工或购进的货物分配给股东或投资者

    D. 将自产、委托加工或购进的货物无偿赠送其他单位或个人

答案：ACD

6. 下列各项中，应认定为小规模纳税人的有（　　　）。

    A. 提供应税服务的纳税人年应税服务销售额在500万元以下的

    B. 从事货物批发或者零售的纳税人，年应税销售额在80万元以下的

    C. 从事货物生产或者提供应税劳务的纳税人年应税销售额在50万元以下的

    D. 以从事货物生产或者提供应税劳务为主，并兼营货物批发或者零售的纳税人，年应税销售额在50万元以下的

答案：ABCD

7. 下列关于增值税税率的表述中，正确的有（　　　）。

A. 提供有形动产租赁服务税率为 6%

B. 提供交通运输业服务税率为 11%

C. 纳税人出口货物一般适用零税率

D. 农机零部件按照 13% 的低税率征收增值税

答案：BC

8. 下列关于增值税纳税义务发生时间的表述中，正确的有（　　　）。

A. 进口货物，为货物验收入库的当天

B. 采取预收货款方式销售货物，为收到预收款的当天

C. 采取委托银行收款方式销售货物，为发出货物并办妥托收手续的当天

D. 销售应税劳务，为提供劳务同时收讫销售额或取得索取销售额的凭据的当天

答案：CD

9. 下列关于委托加工应税消费品的表述中，正确的有（　　　）。

A. 委托个人加工的应税消费品，由委托方收回后缴纳消费税

B. 委托加工的应税消费品，除受托方为个人外，由受托方在向委托方交货时代收代缴税款

C. 委托加工的应税消费品，委托方用于连续生产应税消费品的，所纳税款准予按规定抵扣

D. 委托方将收回的应税消费品，以不高于受托方的计税价格出售的，不再缴纳消费税

答案：ABCD

10. 下列人员中，属于自行申报缴纳个人所得税的纳税义务人的有（　　　）。

A. 从中国境外取得所得的

B. 取得应纳税所得，没有扣缴义务人的

C. 自 2006 年 1 月 1 日起, 年所得 12 万元以上的

D. 从中国境内两处或者两处以上取得工资、薪金所得的

答案: ABCD

11. 下列情形中, 一般纳税人不得领购使用增值税专用发票的有 ( )。

A. 会计核算不健全

B. 有《税收征管法》规定的税收违法行为拒不接受处理

C. 不能向税务机关准确提供增值税进、销项税额以及其他增值税税务资料

D. 虚开增值税专用发票、私自印制专用发票、未按规定开具专用发票等经税务机关责令限期改正而仍未改正的

答案: ABCD

12. 下列各项中, 属于扣缴义务人应依法履行的义务有 ( )。

A. 代扣税款　　　　B. 代垫税款

C. 代支税款　　　　D. 代收税款

答案: AD

13. 下列各项中, 属于税务登记种类的有 ( )。

A. 开业登记　　　　B. 变更登记

C. 注销登记　　　　D. 纳税人税种登记

答案: ABCD

14. 下列各项中, 属于纳税申报方式的有 ( )。

A. 直接申报　　　　B. 邮寄申报

C. 数据电文申报　　D. 电话申报

答案: ABC

15. 下列关于追征税款的表述中，符合《税收征管法》的有（　　　）。

    A. 因纳税人、扣缴义务人计算错误等失误，未缴或者少缴款的，税务机关在 3 年内可以追征税款，并加收滞纳金

    B. 因纳税人、扣缴义务人计算错误等失误，未缴或者少缴款的，且数额在 10 万元以上的，追征期可以延长到 5 年

    C. 因税务机关的责任，致使纳税人、扣缴义务人未缴或者少缴款的，税务机关在 3 年内可以要求纳税人、扣缴义务人补缴税款，但是不得加收滞纳金

    D. 对因纳税人、扣缴义务人和其他当事人偷税、抗税、骗税等原因而造成未缴或者少缴的税款，或骗取的退税款，税务机关可以无限期追征

答案：ABCD

16. 下列各项中，属于税务代理特征的有（　　　）。

    A. 公正性　B. 自愿性　　C. 有偿性　　D. 独立性

答案：ABCD

17. 下列各项中，属于税收违法行政处罚形式的有（　　　）。

    A. 没收财产

    B. 责令限期改正

    C. 停止出口退税权

    D. 收缴未用发票和暂停供应发票

答案：ABCD

18. 下列各项中，属于行政复议范围的有（　　　）。

    A. 征税行为　　　　　　　B. 纳税行为

    C. 行政处罚行为　　　　　D. 行政许可、行政审批行为

答案：ACD

三、判断题（请判断每小题的表述是否正确，表述正确的，划"√"；表述错误的，划"×"）

1. 税收是国家为了满足一般的社会共同需要，凭借政治的权力，按照国家法律规定的标准，强制地、有偿地取得财政收入的一种分配关系。（　　）

答案：×

2. 税法是调整税收关系的法律规范，是由国家最高权力机关或其授权的行政机关制定的有关调整国家在筹集财政资金方面形成的税收关系的法律规范的总称。（　　）

答案：√

3. 按税法的功能作用的不同，将税法分为税收实体法和税收程序法。（　　）

答案：√

4. 纳税义务人是指税法规定的直接或间接负有纳税义务的自然人、法人或其他组织。（　　）

答案：×

5. 增值税专用发票只限于增值税一般纳税人领购使用，增值税小规模纳税人不得领购使用。（　　）

答案：√

6. 对于符合条件的小型微利企业，应按基本税率征收企业所得税。（　　）

答案：×

7. 税收征收管理是税务机关代表国家行使征税权，对日常税收活动进行有计划的组织、指挥、控制和监督的活动，是对纳税人履行纳税义务采用的一种管理、征收和检查行为，是实现税收职能的必要手段。（　　）

答案：√

8. 纳税人在办理开业或变更税务登记的同时应当申请填报税种登记，由税务机关根据其生产、经营范围及拥有的财产等情况，认定纳税人所适用的税种、税目、税率、报缴税款期限、征收方式和缴库方式等。　　　　　　　　　　（　　）

答案：√

第四章 财政法律制度

第一节 预算法律制度

一、预算法律制度的构成

预算法律制度是指国家经过法定程序制定的，用以调整国家预算关系的法律、行政法规和相关规章制度。我国预算法律制度由《预算法》、《预算法实施条例》以及有关国家预算管理的其他法规制度构成。

《中华人民共和国预算法》（以下简称《预算法》）是 1994 年 3 月 22 日由八届全国人民代表大会通过，新修订的《预算法》于 2014 年 8 月 31 日通过，自 2015 年 1 月 1 日起施行。《预算法》是我国的财政基本法律，是我国预算管理工作的根本性法律，是制定其他预算法规的基本依据。

二、国家预算概述

（一）国家预算的概念

国家预算也称政府预算，是政府的基本财政收支计划，即经法定程序批准的国家年度财政收支计划。国家预算是实现财政职能的基本手段，反映国家的施政方针和社会经济政策，规定政府活动的范围和方向。

（二）国家预算的作用

1. 财力保证作用

国家预算既是保障国家机器运转的物质条件，又是政府实施各项社会经济政策的有效保证。

2. 调节制约作用

国家预算的收支规模可调节社会总供给和总需求的平衡，预算支出的结构可调节国民经济结构，因而国家预算的编制和执行对国民经济和社会发展都有直接的制约作用。

3. 反映监督作用

通过国家预算编制和执行便于掌握国民经济的运行状况、发展趋势以及出现的问题，从而采取对策措施，促进国民经济稳定协调地发展。

（三）国家预算级次的划分

根据国家政权结构、行政区域划分和财政管理体制的要求，按照一级政府设立一级预算的原则，我国国家预算共分为五级预算，具体包括：

（1）中央预算；

（2）省级（省、自治区、直辖市）预算；

（3）地市级（设区的市、自治州）预算；

（4）县市级（县、自治县、不设区的市、市辖区）预算；

（5）乡镇级（乡、民族乡、镇）预算。

（四）国家预算的构成

1. 按照政府级次，国家预算可分为中央预算和地方预算

（1）中央预算。中央预算由中央各部门（含直属单位，下同）的预算组成，包括地方向中央上缴的收入数额和中央对地方返还或者给予补助的数额。

（2）地方预算。地方预算由各省、自治区、直辖市总预算组成，包括下级政府向上级政府上缴的收入数额和上级政府对下

级政府返还或者给予补助的数额。

2. 按照收支管理范围可分为总预算和部门单位预算

（1）总预算。地方各级总预算由本级预算和汇总的下一级总预算组成；下一级只有本级预算的，下一级总预算即指下一级的本级预算。没有下一级预算的，总预算即指本级预算。

（2）部门单位预算。各部门预算由本部门所属各单位预算组成。单位预算是指列入部门预算的国家机关、社会团体和其他单位的收支预算。

3. 预算按照收支的内容分为一般公共预算、政府性基金预算、国有资本经营预算、社会保险基金预算

（1）一般公共预算是对以税收为主体的财政收入，安排用于保障和改善民生、推动经济社会发展、维护国家安全、维持国家机构正常运转等方面的收支预算。

（2）政府性基金预算是对依照法律、行政法规的规定在一定期限内向特定对象征收、收取或者以其他方式筹集的资金，专项用于特定公共事业发展的收支预算。

（3）国有资本经营预算是对国有资本收益作出支出安排的收支预算。

（4）社会保险基金预算是对社会保险缴款、一般公共预算安排和其他方式筹集的资金，专项用于社会保险的收支预算。

三、预算管理的职权

根据统一领导、分级管理、权责结合的原则，《预算法》明确规定了各级人民代表大会及其常务委员会、各级政府、各级财政部门和各部门、各单位的预算职权。

（一）各级人民代表大会及其常务委员会的职权

1. 全国人民代表大会及其常务委员会的职权

全国人民代表大会审查中央和地方预算草案及中央和地方预

算执行情况的报告；批准中央预算和中央预算执行情况的报告；改变或者撤销全国人民代表大会常务委员会关于预算、决算的不适当的决议。

全国人民代表大会常务委员会监督中央和地方预算的执行；审查和批准中央预算的调整方案；审查和批准中央决算；撤销国务院制定的同宪法、法律相抵触的关于预算、决算的行政法规、决定和命令；撤销省、自治区、直辖市人民代表大会及其常务委员会制定的同宪法、法律和行政法规相抵触的关于预算、决算的地方性法规和决议。

2. 县级以上地方各级人民代表大会及其常务委员会的职权

县级以上地方各级人民代表大会审查本级总预算草案及本级总预算执行情况的报告；批准本级预算和本级预算执行情况的报告；改变或者撤销本级人民代表大会常务委员会关于预算、决算的不适当的决议；撤销本级政府关于预算、决算的不适当的决定和命令。

县级以上地方各级人民代表大会常务委员会监督本级总预算的执行；审查和批准本级预算的调整方案；审查和批准本级决算；撤销本级政府和下一级人民代表大会及其常务委员会关于预算、决算的不适当的决定、命令和决议。

3. 乡、民族乡、镇的人民代表大会的职权

设立预算的乡、民族乡、镇的人民代表大会审查和批准本级预算和本级预算执行情况的报告；监督本级预算的执行；审查和批准本级预算的调整方案；审查和批准本级决算；撤销本级政府关于预算、决算的不适当的决定和命令。

（二）各级人民政府的职权

1. 国务院的职权

国务院编制中央预算、决算草案；向全国人民代表大会作关于中央和地方预算草案的报告；将省、自治区、直辖市政府报送

备案的预算汇总后报全国人民代表大会常务委员会备案；组织中央和地方预算的执行；决定中央预算预备费的动用；编制中央预算调整方案；监督中央各部门和地方政府的预算执行；改变或者撤销中央各部门和地方政府关于预算、决算的不适当的决定、命令；向全国人民代表大会、全国人民代表大会常务委员会报告中央和地方预算的执行情况。

2. *县级以上地方各级政府的职权*

县级以上地方各级政府编制本级预算、决算草案；向本级人民代表大会作关于本级总预算草案的报告；将下一级政府报送备案的预算汇总后报本级人民代表大会常务委员会备案；组织本级总预算的执行；决定本级预算预备费的动用；编制本级预算的调整方案；监督本级各部门和下级政府的预算执行；改变或者撤销本级各部门和下级政府关于预算、决算的不适当的决定、命令；向本级人民代表大会、本级人民代表大会常务委员会报告本级总预算的执行情况。

3. *乡、民族乡、镇政府的职权*

乡、民族乡、镇政府编制本级预算、决算草案；向本级人民代表大会作关于本级预算草案的报告；组织本级预算的执行；决定本级预算预备费的动用；编制本级预算的调整方案；向本级人民代表大会报告本级预算的执行情况。

（三）各级财政部门的职权

1. *国务院财政部门的职权*

国务院财政部门具体编制中央预算、决算草案；具体组织中央和地方预算的执行；提出中央预算预备费动用方案；具体编制中央预算的调整方案；定期向国务院报告中央和地方预算的执行情况。

2. *地方各级政府财政部门的职权*

地方各级政府财政部门具体编制本级预算、决算草案；具体组织本级总预算的执行；提出本级预算预备费动用方案；具体编制本级预算的调整方案；定期向本级政府和上一级政府财政部门报告本级总预算的执行情况。

（四）各部门、各单位的职权

1. 各部门的职权

各部门具体负责编制本部门预算、决算草案；组织和监督本部门预算的执行；定期向本级政府财政部门报告预算的执行情况。

2. 各单位的职权

各单位负责编制本单位预算、决算草案；按照国家规定上缴预算收入，安排预算支出，并接受国家有关部门的监督。

四、预算收入与预算支出

预算由预算收入和预算支出组成。政府的全部收入和支出都应当纳入预算。

（一）预算收入

（1）按来源可分为税收收入、行政事业性收费收入、国有资源（资产）有偿使用收入、转移性收入和其他收入。

① 税收收入。税收是国家财政收入的主要来源，目前财政收入的90%以上来自税收。

② 行政事业性收费收入。

③ 依照规定应当上缴的国有资源（资产）有偿使用收入。该收益是指各部门和各单位占有、使用和依法处分境内外国有资产产生的收益，依照国家有关规定应当上缴的部分。

④ 转移性收入。

⑤ 其他收入。其他收入是指不属于上述的各项收入，包括各种罚没收入、规费收入等。

（2）按归属可分为中央预算收入、地方预算收入、中央和地方预算共享收入。

① 中央预算收入。中央预算收入是指按照分税制财政管理体制，纳入中央预算、地方不参与分享的收入，包括中央本级收入和地方按照规定向中央上解的收入。

② 地方预算收入。地方预算收入是指按照分税制财政管理体制，纳入地方预算、中央不参与分享的收入，包括地方本级收入和中央按照规定返还或者补助地方的收入。

③ 中央和地方预算共享收入。中央和地方预算共享收入是指按照分税制财政管理体制，中央预算和地方预算对同一税种的收入按照一定划分标准或者比例分享的收入。

（二）预算支出

（1）按照功能分类，一般公共预算支出包括一般公共服务支出，外交、公共安全、国防支出，农业、环境保护支出，教育、科技、文化、卫生、体育支出，社会保障及就业支出和其他支出。

（2）按照其经济性质分类，一般公共预算支出包括工资福利支出、商品和服务支出、资本性支出和其他支出。

中央预算与地方预算有关收入和支出项目的划分、地方向中央上解收入、中央对地方税收返还或者转移支付的具体办法，由国务院规定，报全国人民代表大会常务委员会备案。上级政府不得在预算之外调用下级政府预算的资金。下级政府不得挤占或者截留属于上级政府预算的资金。

五、预算组织程序

（一）预算编制

我国预算年度自公历 1 月 1 日起，至 12 月 31 日止。

各级预算应当根据年度经济社会发展目标、国家宏观调控总体要求和跨年度预算平衡的需要，参考上一年预算执行情况、有关支出绩效评价结果和本年度收支预测，按照规定程序征求各方面意见后，进行编制。

各级预算收入的编制，应当与经济社会发展水平相适应，与财政政策相衔接。各级政府、各部门、各单位应当依照本法规定，将所有政府收入全部列入预算，不得隐瞒、少列。

各级预算支出应当依照预算法规定，按其功能和经济性质分类编制。各级预算支出的编制，应当贯彻勤俭节约的原则，严格控制各部门、各单位的机关运行经费和楼堂馆所等基本建设支出。

中央预算和有关地方预算中应当安排必要的资金，用于扶助革命老区、民族地区、边疆地区、贫困地区发展经济社会建设事业。

各级一般公共预算支出的编制，应当统筹兼顾，在保证基本公共服务合理需要的前提下，优先安排国家确定的重点支出。各级一般公共预算应当按照本级一般公共预算支出额的百分之一至百分之三设置预备费，用于当年预算执行中的自然灾害等突发事件处理增加的支出及其他难以预见的开支。

（二）预算审查

全国人民代表大会和地方各级人民代表大会对预算草案及其报告、预算执行情况的报告重点审查下列内容：上一年预算执行情况是否符合本级人民代表大会预算决议的要求；预算安排是否符合本法的规定；预算安排是否贯彻国民经济和社会发展的方针政策，收支政策是否切实可行；重点支出和重大投资项目的预算安排是否适当；预算的编制是否完整，是否细化；对下级政府的转移性支出预算是否规范、适当；预算安排举借的债务是否合法、合理，是否有偿还计划和稳定的偿还资金来源；与预算有关重要事项的说明是否清晰。

（三）预算执行

各级预算由本级政府组织执行，具体工作由本级政府财政部门负责。各部门、各单位是本部门、本单位的预算执行主体，负责本部门、本单位的预算执行，并对执行结果负责。

预算收入征收部门和单位，必须依照法律、行政法规的规定，及时、足额征收应征的预算收入。不得违反法律、行政法规规定，多征、提前征收或者减征、免征、缓征应征的预算收入，不得截留、占用或者挪用预算收入。各级政府不得向预算收入征收部门和单位下达收入指标。

政府的全部收入应当上缴国家金库，任何部门、单位和个人不得截留、占用、挪用或者拖欠。对于法律有明确规定或者经国务院批准的特定专用资金，可以依照国务院的规定设立财政专户。

各级政府财政部门必须依照法律、行政法规和国务院财政部门的规定，及时、足额地拨付预算支出资金，加强对预算支出的管理和监督。各级政府、各部门、各单位的支出必须按照预算执行，不得虚假列支。各级政府、各部门、各单位应当对预算支出情况开展绩效评价。

（四）预算调整

经全国人民代表大会批准的中央预算和经地方各级人民代表大会批准的地方各级预算，在执行中出现下列情况之一的，应当进行预算调整：需要增加或者减少预算总支出的；需要调入预算稳定调节基金的；需要调减预算安排的重点支出数额的；需要增加举借债务数额的。

在预算执行中，各级政府对于必须进行的预算调整，应当编制预算调整方案。预算调整方案应当说明预算调整的理由、项目和数额。

在预算执行中，由于发生自然灾害等突发事件，必须及时增加预算支出的，应当先动支预备费；预备费不足支出的，各级政府可以先安排支出，属于预算调整的，列入预算调整方案。

六、决算

（一）决算草案编制

编制决算草案，必须符合法律、行政法规，做到收支真实、数额准确、内容完整、报送及时。决算草案应当与预算相对应，按预算数、调整预算数、决算数分别列出。一般公共预算支出应当按其功能分类编列到项，按其经济性质分类编列到款。

（二）决算草案审批

国务院财政部门编制中央决算草案，经国务院审计部门审计后，报国务院审定，由国务院提请全国人民代表大会常务委员会审查和批准。

县级以上地方各级政府财政部门编制本级决算草案，经本级政府审计部门审计后，报本级政府审定，由本级政府提请本级人民代表大会常务委员会审查和批准。

乡、民族乡、镇政府编制本级决算草案，提请本级人民代表大会审查和批准。

（三）决算草案批复

各级决算经批准后，财政部门应当在 20 日内向本级各部门批复决算。各部门应当在接到本级政府财政部门批复的本部门决算后十五日内向所属单位批复决算。

地方各级政府应当将经批准的决算及下一级政府上报备案的决算汇总，报上一级政府备案。县级以上各级政府应当将下一级政府报送备案的决算汇总后，报本级人民代表大会常务委员会备案。

七、预决算的监督

对预决算的监督，按照监督的主体分为：国家权力机关的监督、各级政府的监督、各级政府财政部门的监督、各级政府审计部门的监督和社会监督等。

（一）国家权力机关的监督

全国人民代表大会及其常务委员会对中央和地方预算、决算进行监督；县级以上地方各级人民代表大会及其常务委员会对本级和下级预算、决算进行监督；乡、民族乡、镇人民代表大会对本级预算、决算进行监督。

国务院和县级以上地方各级政府应当在每年6月至9月期间向本级人民代表大会常务委员会报告预算执行情况。

（二）各级政府的监督

各级政府监督下级政府的预算执行，下级政府应当定期向上一级政府报告预算执行情况。

（三）各级政府财政部门的监督

各级政府财政部门负责监督检查本级各部门及其所属各单位预算的编制、执行，并向本级政府和上一级政府财政部门报告预算执行情况。

（四）各级政府审计部门的监督

县级以上政府审计部门依法对预算执行、决算实行审计监督。对预算执行和其他财政收支的审计工作报告应当向社会公开。

（五）社会监督

公民、法人或者其他组织发现有违反《预算法》的行为，可以依法向有关国家机关进行检举、控告。

第二节　政府采购法律制度

一、政府采购法律制度的构成

我国的政府采购法律制度由《中华人民共和国政府采购

法》、政府采购行政法规、国务院各部门特别是财政部颁布的一系列部门规章以及地方性法规和政府规章组成。

（一）政府采购法

政府采购法，是指调整各级国家机关、事业单位和团体组织，使用财政性资金依法采购货物、工程和服务活动的法律规范的总称。2002年6月29日，第九届全国人民代表大会常务委员会第二十八次会议通过了《中华人民共和国政府采购法》（以下简称《政府采购法》），自2003年1月1日起施行。《政府采购法》共九章八十八条，除总则和附则外，分别对政府采购当事人、政府采购方式、政府采购程序、政府采购合同、质疑和投诉、监督检查、法律责任等问题，作出了较为全面的规定。《政府采购法》是我国政府采购法律制度中效力最高的法律文件，是制定其他规范性文件的依据。其颁布实施，规范了政府采购行为，提高了政府采购资金的使用效益，保护了政府采购当事人的合法权益，维护了国家利益和社会公共利益。

（二）政府采购行政法规

《中华人民共和国政府采购法实施条例》2014年12月31日通过，2015年3月1日起施行。该条例共九章七十九条，对政府采购法的有关规定进行了细化。

（三）政府采购部门规章

政府采购部门规章主要是指国务院财政部门制定的规章。为了细化政府采购法的相关规定，增强《政府采购法》的可操作性，财政部颁布了《政府采购货物和服务招标投标管理办法》（财政部令第十八号）、《政府采购信息公告管理办法》（财政部令第十九号），它们都属于政府采购部门规章。

（四）政府采购地方性法规和政府规章

政府采购地方性法规是指省、自治区、直辖市的人民代表大会及其常务委员会在不与法律、行政法规相抵触的情况下制定的规范性文件。如《云南省政府采购条例》、《广东省实施〈政府采购法〉办法》。政府采购地方性规章是指省、自治区、直辖市的人民政府制定的地方规范性文件。如《深圳经济特区政府采购条例》、《北京市政府采购办法》、《上海市政府采购管理办法》等。

二、政府采购的概念与原则

(一) 政府采购的概念

政府采购，是指各级国家机关、事业单位和团体组织，使用财政性资金采购依法制定的集中采购目录以内的或者采购限额标准以上的货物、工程和服务的行为。

1. 政府采购的主体范围

政府采购的主体是依靠国家财政资金运作的政府机关、事业单位和社会团体等，不包括所有个人、私人企业和公司。国有企业不属于政府采购的主体范围。

2. 政府采购的资金来源

政府采购的资金来源为财政性资金和需要财政偿还的公共借款。这些资金的最终来源为纳税人的税收和政府对公共服务的收费。

3. 政府采购的对象范围

政府采购的对象包括货物、工程和服务。所谓货物，是指各种形态和种类的物品，包括原材料、燃料、设备、产品等；所谓工程，是指建设工程，包括建筑物和构筑物的新建、改建、扩建、装修、拆除、修缮等；所谓服务，是指除货物和工程以外的其他政府的采购对象。

4. 政府集中采购目录和政府采购限额标准

政府集中采购目录和采购限额标准由各省级以上人民政府确定并公布。属于中央预算的政府采购项目，其集中采购目录由国务院确定并公布；属于地方预算的政府采购项目，其集中采购目录由省、自治区、直辖市人民政府或者其授权的机构确定并公布。纳入集中采购目录的政府采购项目，应当实行集中采购。政府采购限额标准，属于中央预算的政府采购项目，由国务院确定并公布；属于地方预算的政府采购项目，由省、自治区、直辖市人民政府或者其授权的机构确定并公布。

（二）政府采购的原则

《政府采购法》规定政府采购应当遵循四条原则：公开透明、公平竞争、公正和诚实信用原则。

1. 公开透明原则

公开透明原则就是政府采购所进行的有关活动必须公开进行，包括采购数量、质量、规格、要求等要公开；采购的合同条件、采购过程、采购结果等采购信息要公开；采购活动要逐项做好采购记录以备审查监督；供应商还可对有关活动的程序进行质疑和投诉。

2. 公平竞争原则

公平竞争原则是指政府采购要通过公平竞争选择最优的供应商，取得最好的采购效果，所有参加竞争的供应商机会均等并受到同等待遇，不得有任何歧视行为。

3. 公正原则

公正原则是指在公开、公平原则上所取得的结果的公正和整个操作程序和过程的公正。公正原则主要体现在确定供应商上，如评标标准明确严格、评标程序的公正、利害关系人的回避程度等。政府采购当事人在采购活动中的地位是平等的，任何一方不得向另一方提出不合理的要求，不得将自己的意志强加给对方。公正原则是建立在公开透明和公平的基础上的，只有公开透明和公平，才能有公正的政府采购的结果。

4. 诚实信用原则

诚实信用原则本是民事活动的基本原则，政府采购既包括民事因素也包括公共管理的因素，都应遵守民事活动的基本原则。诚实信用原则要求政府采购各方都要诚实守信，不得有欺骗背信的行为，以善意的方式行使权力，尊重他人利益和公共利益，忠实地履行约定义务。

三、政府采购的功能与执行模式

（一）政府采购的功能

1. 节约财政支出，提高采购资金的使用效益

政府采购遵循公开透明、公平竞争、公正和诚实信用等原则，实现规范的、阳光化的采购，不仅可以使政府得到物美价廉的商品和劳务，大幅度节约支出，降低行政成本，而且可以强化预算约束，减少资金的流通环节，提高资金使用效率。从国际经验来看，实行政府采购一般资金节约率为10%以上。

2. 强化宏观调控

政府采购可以发挥政府在经济发展中的宏观调控作用，推进保护国内产业、保护环境、扶持不发达地区和中小企业等政策的实施。

3. 活跃市场经济

政府采购使政府正常运转所需要的货物、工程和服务由政府自产、自建、自管转为全方位面向市场开放，促使企业按照市场经济的运行规律，不断提高产品质量和服务质量，提升产品竞争力，极大地活跃了市场经济。

4. 推进反腐倡廉

建立政府采购制度，在政府采购过程中引入了招标、投标等竞争机制，在当事各方之间建立起相互监督的制约关系，各方将在公平透明的"游戏规则"下为自身利益最大化而展开竞争，

从而从制度层面有效地减少了采购过程中的权钱交易、寻租等腐败现象。

5. 保护民族产业

政府采购原则上应该采购本国产品，担负起保护民族产业的重要职责。尤其是在我国加入世界贸易组织后，面临大量进口产品对民族产业特别是对汽车、信息等高技术产业形成冲击和压力的情况下，保留政府采购市场暂不对外开放，显然具有重要意义。通过以法律和政策的方式，规定政府采购应该采购本国产品、支持民族产业发展，可以实现保护民族产业的目标。

（二）政府采购的执行模式

1. 集中采购

集中采购，是指由政府设立的职能机构统一为其他政府机构提供采购服务的一种采购组织实施形式。按照《政府采购法》的规定，集中采购必须委托采购机构代理采购。按集中程度不同，集中采购又可分为政府集中采购和部门集中采购两类。

政府集中采购是指采购单位委托政府集中采购机构（政府采购中心）组织实施的，纳入集中采购目录以内的属于通用性的项目采购活动；

部门集中采购是指由采购单位主管部门统一负责组织实施的，纳入集中采购目录以内的属于本部门或本系统有专业技术等特殊要求的项目采购活动。

集中采购的特点有：（1）采购单位必须委托集中采购机构代理采购，不得自行组织采购，其中部门集中采购可以由主管部门统一组织集中采购；（2）列入集中采购的项目往往是一些大宗的、通用性的项目，一般采购单位都会涉及并需要采购，或者是一些社会关注程度较高、影响较大的特定商品、大型工程和重要服务类项目；（3）采购成本低、操作相对规范和社会影响大的特点，可以发挥政府采购的规模优势和政策作用，体现政府采购的效益性和公共性原则，也有利于政府的集中监管和对分散采购的良好示范作用。

2. 分散采购

分散采购，是指各预算单位自行开展采购活动的一种采购组织实施形式。

采购未纳入集中采购目录的政府采购项目，可以自行采购，也可以委托集中采购机构在委托的范围内代理采购。

分散采购的特点有：（1）采购单位可以依法自行组织实施采购，也可以委托集中采购机构或其他具有政府采购代理资格的社会中介机构代理采购。委托集中采购机构采购的，采购单位不需支付任何采购代理费用；而如果是委托社会中介代理机构采购的，则需要按规定支付一定的采购代理费用。（2）列入分散采购的项目往往是一些专业化程度较高或单位有特定需求的项目，一般不具有通用性的特征。（3）可以借助受托单位的技术优势和社会中介代理机构的专业优势，充分调动单位政府采购的积极性和主动性，提高采购效率，同时也有利于实现政府采购不断"扩面增量、稳步渐进"的工作目标。

四、政府采购当事人

政府采购当事人是指在政府采购活动中享有权利和承担义务的各类主体，包括采购人、供应商和采购代理机构等。

（一）采购人

采购人是指依法利用国家财政性资金和政府借款购买货物、工程或服务的国家机关、事业单位、团体组织。作为政府采购的采购人，一般具有两个重要特征：一是采购人是依法进行政府采购的国家机关、事业单位和团体组织；二是采购人的政府采购行为从筹划、决策到实施，都必须在政府采购法等法律法规的规范内进行。

1. 采购人的权利

采购人的权利主要包括：

（1）自行选择采购代理机构的权利；

（2）要求采购代理机构遵守委托协议约定的权利；

（3）审查政府采购供应商资格的权利；

（4）依法确定中标供应商的权利；

（5）签订采购合同并参与对供应商履约验收的权利；

（6）特殊情况下提出特殊要求的权利；

（7）其他合法权利。

2. 采购人的义务

采购人的义务主要包括：

（1）遵守政府采购的各项法律、法规和规章制度；

（2）接受和配合政府采购机构监督管理部门的监督检查，同时还要接受和配合审计机关的审计监督以及监察机关的监督；

（3）尊重供应商的正当合法权益；

（4）遵守采购代理机构的工作秩序；

（5）在规定时间内与中标供应商签订政府采购合同；

（6）在指定媒体及时向社会发布政府采购信息、招标结果；

（7）依法答复供应商的询问和质疑；

（8）妥善保存反映每项采购活动的采购文件；

（9）其他法定义务。

（二）供应商

供应商是指向采购人提供货物、工程或服务的法人、其他组织或者自然人。供应商参加政府采购活动应当具备下列条件：具有独立承担民事责任的能力、具有良好的商业信誉和健全的财务会计制度；具有履行合同所必需的设备和专业技术能力；有依法缴纳税收和社会保障资金的良好记录；参加政府采购活动前三年内，在经营活动中没有重大违法记录；法律、行政法规规定的其他条件。

两个以上的自然人、法人或者其他组织可以组成一个联合体，以一个供应商的身份共同参加政府采购。联合体各方应当共同与采购人签订采购合同，就采购合同约定的事项对采购人承担连带责任。

1. 供应商的权利

供应商的权利主要包括：

（1）平等地取得政府采购供应商资格的权利；

（2）平等地获得政府采购信息的权利；

（3）自主、平等地参加政府采购竞争的权利；

（4）就政府采购活动事项提出询问、质疑和投诉的权利；

（5）自主、平等地签订政府采购合同的权利；

（6）要求采购人或采购代理机构保守其商业秘密的权利；

（7）监督政府采购依法公开、公正进行的权利；

（8）其他合法权利。

2. 供应商的义务

供应商的义务主要包括：

（1）遵守政府采购的各项法律、法规和规章制度；

（2）按规定接受供应商资格审查，并在资格审查中客观真实地反映自身情况；

（3）在政府采购活动中，满足采购人或采购代理机构的正当要求；

（4）投标中标后，按规定程序签订政府采购合同并严格履行合同义务；

（5）其他法定义务。

（三）采购代理机构

采购代理机构是指具备一定条件，经政府有关部门批准而依法拥有政府采购代理资格的社会中介机构。采购代理机构可分为集中采购机构和一般采购代理机构。

1. 集中采购机构

设区的市、自治州以上人民政府根据本级政府采购项目组织集中采购的需要设立集中采购机构。集中采购机构的性质是：第一，集中采购机构是采购代理机构，它只能根据采购人的委托，以代理人的身份办理政府采购事务。集中采购机构完全是为了向采购人提供采购服务而设立的；第二，集中采购机构不是政府机关，而是非营利性的事业法人。集中采购机构进行的采购不是为了满足自身的需要，而是为采购人采购纳入集中采购目录和部分未纳入集中采购目录的政府采购项目等。

政府采购中心是典型的集中采购机构，它不是政府行政机构，而是非营利性事业法人。其采购代理资格不需要政府特别认定。

采购人采购纳入集中采购目录的政府采购项目，必须委托集中采购机构代理采购；采购未纳入集中采购目录的政府采购项目，可以自行采购，也可以委托集中采购机构在委托的范围内代理采购。

纳入集中采购目录属于通用的政府采购项目的，应当委托集中采购机构代理采购；属于本部门、本系统有特殊要求的项目，应当实行部门集中采购；属本单位有特殊要求的项目，经省级以上人民政府批准，可以自行采购。

2. 一般采购代理机构

一般采购代理机构应是依法成立并具有法人资格的社会中介机构，有能力和良好信誉承担政府采购的业务代理工作。

一般采购代理机构的主要业务是接受采购人的委托，以采购人的名义，利用招标等方式，为采购人择优选定供应商。它要向委托人或中标人收取一定的服务费。

一般采购代理机构的资格由国务院有关部门或者省级人民政

府有关部门认定，主要负责分散采购的代理业务。

政府采购代理机构作为一种特殊的利益主体，应当对包括自身在内的政府采购当事人负责，自觉履行政府采购法律规定的义务，依法开展代理采购活动，维护国家利益和社会公共利益。就具体操作过程而言，其义务和责任主要包括依法开展代理采购活动并提供良好服务；依法发布采购信息；依法接受监督管理；不得向采购人行贿或者采取其他不正当手段谋取非法利益；其他法定义务和责任。

五、政府采购方式

(一) 公开招标

公开招标是政府采购的主要采购方式，是指采购人按照法定程序，通过发布招标公告，邀请所有潜在的不特定的供应商参加投标，采购人通过某种事先确定的标准，从所有投标供应商中择优评选出中标供应商，并与之签订政府采购合同的一种采购方式。公开招标应作为政府采购的主要采购方式。

货物服务采购项目达到公开招标数额标准的，必须采用公开招标的方式。采购人采购货物或者服务应当采用公开招标方式的，其具体数额标准，属于中央预算的政府采购项目，由国务院规定；属于地方预算的政府采购项目，由省、自治区、直辖市人民政府规定；因特殊情况需要采用公开招标以外的采购方式的，应当在采购活动开始前获得设区的市、自治州以上人民政府采购监督管理部门的批准。采购人不得将应当以公开招标方式采购的货物或者服务化整为零或者以其他任何方式规避公开招标采购。

采用公开招标方式采购的，招标采购单位必须在财政部门指定的政府采购信息发布媒体上发布招标公告。采用公开招标方式采购的，自招标文件开始发出之日起至投标人提交投标文件截止之日止，不得少于 20 日。

（二）邀请招标

邀请招标也称选择性招标，是由采购人根据供应商或承包商的资信和业绩，选择一定数目的法人或其他组织（不能少于 3 家），向其发出招标邀请书，邀请他们参加投标竞争，从中选定中标供应商的一种采购方式。

《政府采购法》第二十九条规定，符合下列情形之一的货物或者服务，可以采用邀请招标方式采购：

1. 具有特殊性，只能从有限范围的供应商处采购的；

2. 采用公开招标方式的费用占政府采购项目总价值的比例过大的。

（三）竞争性谈判

竞争性谈判是指采购人或代理机构通过与多家供应商（不少于 3 家）进行谈判，最后从中确定中标供应商的一种采购方式。

《政府采购法》第三十条规定，符合下列情形之一的货物或者服务，可以采用竞争性谈判方式采购：

1. 招标后没有供应商投标或者没有合格标的或者重新招标未能成立的；

2. 技术复杂或者性质特殊，不能确定详细规格或者具体要求的；

3. 采用招标所需时间不能满足用户紧急需要的；

4. 不能事先计算出价格总额的。

（四）单一来源采购

单一来源采购也称直接采购，是指采购人向唯一供应商进行采购的方式。适用于达到了限购标准和公开招标数额标准，但所购商品的来源渠道单一，或属专利、首次制造、合同追加、原有采购项目的后续扩充和发生了不可预见的紧急情况不能从其他供应商处采购等情况。该采购方式的最主要特点是没有竞争性。

《政府采购法》第三十一条规定，符合以下情形之一的货物或服务，可以采用单一来源方式采购：

1. 只能从唯一供应商处采购的；

2. 发生了不可预见的紧急情况，不能从其他供应商处采购的；

3. 必须保证原有采购项目的一致性或者服务配套的要求，需要继续从原供应商处添购，且添购资金总额不超过原合同采购金额 10% 的。

采取单一来源方式采购的，采购人与供应商应当遵循《政府采购法》规定的原则，在保证采购项目质量和双方商定合理价格的基础上进行采购。

（五）询价采购

询价采购是指采购人向有关供应商发出询价单让其报价，在报价基础上进行比较并确定最优供应商的一种采购方式。采购的货物规格、标准统一、现货货源充足且价格变化幅度小的政府采购项目，可以采用询价方式采购。

六、政府采购的监督检查

各级人民政府财政部门是负责政府采购监督管理的部门，依法履行对政府采购活动的监督管理职责。各级人民政府其他有关部门依法履行与政府采购活动有关的监督管理职责。

（一）政府采购监督管理部门的监督

政府采购监督管理部门应当加强对政府采购活动及集中采购机构的监督检查。监督检查的主要内容是：有关政府采购的法律、行政法规和规章的执行情况；采购范围、采购方式和采购程序的执行情况；政府采购人员的职业素质和专业技能。

政府采购监督管理部门不得设置集中采购机构，不得参与政府采购项目的采购活动。采购代理机构与行政机关不得存在隶属关系或者其他利益关系。

（二）集中采购机构的内部监督

集中采购机构应当建立健全内部监督管理制度。采购活动的决策和执行程序应当明确，并相互监督、相互制约。经办采购的人员与负责采购合同审核、验收人员的职责权限应当明确，并相互分离。

集中采购机构的采购人员应当具有相关职业素质和专业技能，符合政府采购监督管理部门规定的专业岗位任职要求。

集中采购机构对其工作人员应当加强教育和培训；对采购人员的专业水平、工作实绩和职业道德状况定期进行考核。采购人员经考核不合格的，不得继续任职。

（三）采购人的内部监督

采购人必须按照《政府采购法》规定的采购方式和采购程序进行采购。政府采购项目的采购标准和采购结果应当公开。任何单位和个人不得违反政府采购法的规定，要求采购人或者采购工作人员向其指定的供应商进行采购。

（四）政府其他有关部门的监督

依照法律、行政法规的规定对政府采购负有行政监督职责的政府部门，应当按照其职责分工，加强对政府采购活动的监督。审计机关对政府采购进行审计监督。监察机关对参与政府采购活动的国家机关、国家公务员和国家行政机关任命的其他人员实施监察。政府采购监督管理部门、政府采购各当事人的有关政府采购活动，应当接受审计机关的审计监督。

（五）政府采购活动的社会监督

任何单位和个人对政府采购活动中的违法行为，有权控告和检举，有关部门、机关依照各自职责及时处理。

第三节　国库集中收付制度

一、国库集中收付制度的概念

国库是负责办理国家财政资金收纳和拨付业务的机构。国库集中收付制度一般也称为国库单一账户制度，包括国库集中支付制度和收入收缴管理制度，是指由财政部门代表政府设置国库单一账户体系，所有的财政性资金均纳入国库单一账户体系收缴、支付和管理的制度。

财政收入通过国库单一账户体系，直接缴入国库和财政专户；财政支出通过国库单一账户体系，以财政直接支付和财政授权支付的方式，将资金支付到商品和劳务供应者或用款单位，即预算单位使用资金但见不到资金；未支用的资金均保留在国库单一账户，由财政部门代表政府进行管理运作，降低政府筹资成本，为实施宏观调控政策提供可选择的手段。国库集中收付制度，是现代国库管理制度的基础。

二、国库单一账户体系

（一）国库单一账户体系的概念

国库单一账户体系是指以财政国库存款账户为核心的各类财政性资金账户的集合。所有财政性资金的收入、支付、存储及资金清算活动均在该账户体系进行。

（二）国库单一账户体系的构成

1. 国库单一账户

财政部门在中国人民银行开设的国库存款账户，简称国库单一账户。该账户用于记录、核算和反映财政预算资金和纳入预算管理的政府性基金的收入和支出活动，并用于与财政部门在商业银行开设的零余额账户进行清算，实现支付。

2. 财政部门零余额账户

财政部门在商业银行开设的零余额账户，简称财政部门零余额账户。该账户用于财政直接支付和与国库单一账户清算。财政部门零余额账户在国库会计中使用，行政单位和事业单位会计中不设置该账户。

3. 预算单位零余额账户

财政部门在商业银行为预算单位开设的零余额账户，简称预算单位零余额账户。该账户用于财政授权支付和清算。该账户每日发生的支付，于当日营业终了前由代理银行在财政部门批准的用款额度内与国库单一账户清算。预算单位零余额账户在行政单位和事业单位会计中使用。

4. 预算外资金专户

财政部门在商业银行开设的预算外资金财政专户，简称预算外资金专户。该专户用于记录、核算和反映预算外资金的收入和支出活动，并用于预算外资金日常收支清算。预算外资金专户在财政部门设立和使用。

5. 特设专户

经国务院或国务院授权财政部门批准的预算单位在商业银行开设的特殊专户，简称特设专户。该专户用于记录、核算和反映预算单位的特殊专项支出活动，并用于与国库单一账户清算。特设专户在按规定申请设置了特设专户的预算单位使用。

三、财政收支的方式和程序

(一) 财政收入收缴的方式和程序

财政收入的收缴方式分为直接缴库和集中汇缴两种方式。

1. 直接缴库

直接缴库是指由缴款单位或缴款人按有关法律法规规定，直接将应缴收入缴入国库单一账户或预算外资金财政专户。其收缴程序是：直接缴库的税收收入由纳税人或税务代理人提出纳税申报，经征收计算审核无误后，由纳税人通过开户银行将税款缴入国库单一账户。直接缴库的其他收入，比照上述程序缴入国库单一账户或预算外资金财政专户。

2. 集中汇缴

集中汇缴是指由征收机关（有关法定单位）按有关法律规定，将所收的应缴收入汇总缴入国库单一账户或预算外资金财政专户。其收缴程序是：小额零散税收和法律另有规定的应缴收入，经征收计算于收缴收入的当日汇总缴入国库单一账户。非税收入中的现金缴款，比照本程序缴入国库单一账户或预算外资金财政专户。

（二）财政支出支付的方式和程序

1. 财政直接支付

财政直接支付是指财政部门向中国人民银行和代理银行签发支付指令，代理银行根据支付指令通过国库单一账户体系将资金直接支付到收款人（即商品或劳务的供应商等）或用款单位（即具体申请和使用财政性资金的预算单位）账户。实行财政直接支付的支出包括财政统一发放的工资支出、工程采购和物品服务采购等购买支出的集中采购部分和转移支出。其支付程序是：预算单位按照批复的部门预算和财政直接支付用款计划，在发生财政直接支付事项时提出支付申请，经本级预算单位审核后，报送财政国库支付执行机构；财政国库支付执行机构根据批复的部门预算和用款计划及相关要求对支付申请审核无误后，向代理银行发出支付令，并通知中国人民银行国库部门；代理银行据此通过财政零余额账户，将财政性资金直接支付到收款人或用款单位账户，并将当日实际支付资金按性质和预算科目汇总，由财政国库支付执行机构和财政总预算会计审核确认后，与中国人民银行国库部门进行资金清算。财政直接支付主要通过转账方式进行。

2. 财政授权支付

财政授权支付是指预算单位按照财政部门的授权，自行向代理银行签发支付指令，代理银行根据支付指令，在财政部门批准的预算单位的用款额度内，通过国库单一账户体系将资金支付到收款人账户。实行财政授权支付的支出包括暂未实行财政直接支付的专项支出和公用支出中的零星支出及小额现金的提取。其支付程序是：财政国库支付执行机构依据财政部门核定的授权支付用款计划，向代理银行下达授权预算单位直接支付的月度用款额度；预算单位按照财政部门授权，在批准的月度用款额度内，自行开具支付令，交由代理银行通过单位零余额账户将资金支付到收款人账户；代理银行按照上述财政直接支付清算要求，办理清算事宜。在现代化银行支付系统和财政信息管理系统的国库管理操作系统尚未建立和完善前，财政国库支付执行机构或预算单位的支付令通过人工操作转到代理银行，代理银行通过现行银行清算系统向收款人付款，并在每天轧账前，与国库单一账户清算。

课 后 习 题

一、单项选择题

1. 下列各权力机关中，有权撤销国务院制定的同宪法相抵触的关于预算行政法规的是（   ）。

A. 乡、民族乡、镇的人民代表大会

B. 各级人民代表大会及其常务委员会

C. 全国人民代表大会及其常务委员会

D. 县级以上地方各级人民代表大会及其常务委员会

答案：C

2. 下列各项中，属于我国预算制度实行原则的是（　　）。

  A. 统一管理　　　　　　B. 分级领导

  C. 各级自行决定　　　　D. 一级政府一级预算

答案：D

3. 下列各项中，属于调整国家进行预算资金的筹措、分配、使用和管理过程中发生的经济关系的法律规范的总称是（　　）。

  A. 财政法律制度　　　　B. 预算法律制度

  C. 税收法律制度　　　　D. 金融法律制度

答案：B

4. 下列各项中，属于财政收入收缴方式的是（　　）。

  A. 直接缴库　　　　　　B. 间接缴库

  C. 分次预缴　　　　　　D. 分期缴库

答案：A

5. 下列各项中，属于财政支出支付方式的是（　　）。

  A. 分批支付　　　　　　B. 授权支付

  C. 间接支付　　　　　　D. 按期支付

答案：B

6. 下列各项中，不属于政府采购监督检查的主要内容是（　　）。

  A. 采购程序的执行情况

  B. 集中采购机构的有关情况

  C. 政府采购人员的职业素质和专业技能

  D. 有关政府采购的法律、行政法规和规章的执行情况

答案：B

二、多项选择题

1. 下列各项中，属于国务院财政部门职权的有（　　）。

  A. 具体编制中央预算、决算草案

B. 具体编制中央预算的调整方案

C. 具体组织中央和地方预算的执行

D. 定期向国务院报告中央和地方预算的执行情况

答案：ABCD

2. 下列各项中，属于国家预算作用的有（　　　）。

A. 财力保证 　　　　　　 B. 调节制约

C. 反映监督 　　　　　　 D. 维持政权

答案：ABC

3. 下列各项中，属于按来源划分的预算收入有（　　　）。

A. 税收收入 　　　　　　 B. 行政事业性收费收入

C. 转移性收入 　　　　　 D. 中央和地方共享收入

答案：ABC

4. 下列各项中，属于按经济性质划分的预算支出有（　　　　）。

A. 工资福利支出 　　　　 B. 商品和服务支出

C. 中央预算支出 　　　　 D. 资本性支出

答案：ABD

5. 下列各项中，属于预算组织程序的有（　　　）。

A. 预算的编制 　　　　　 B. 预算的审批

C. 预算的执行 　　　　　 D. 预算的调整

答案：ABCD

6. 下列关于预算审批的表述中，正确的有（　　　）。

A. 中央预算由全国人民代表大会审查和批准

B. 各级政府预算经批准即可，无须向有关部门备案

C. 地方各级政府预算由本级人民代表大会审查和批准

D. 中央预算和地方各级政府预算均由全国人民代表大会
审查和批准

答案：AC

7. 下列关于预决算监督的表述中，正确的有（　　　）。

A. 全国人民代表大会及其常务委员会对中央和地方预算、决算进行监督

B. 县级以上地方各级人民代表大会及其常务委员会对本级和下级预算、决算进行监督

C. 乡、民族乡、镇人民代表大会对本级预算、决算进行监督

D. 各级政府审计部门对本级各部门、各单位和下级政府的预算执行、决算实行审计监督

答案：ABCD

8. 下列各项中，属于《政府采购法》规定政府采购应当遵循的原则有（   ）。

    A. 公正原则　　　　　　B. 公开透明原则

    C. 公平竞争原则　　　　D. 诚实信用原则

答案：ABCD

9. 下列各项中，属于政府采购功能的有（   ）。

    A. 强化宏观调控　　　　B. 节约财政支出

    C. 活跃市场经济　　　　D. 提高采购资金的使用效益

答案：ABCD

10. 下列各项中，属于政府采购执行模式的有（   ）。

    A. 自行采购　　　　　　B. 集中采购

    C. 分散采购　　　　　　D. 供应商采购

答案：BC

11. 下列各项中，属于供应商参加政府采购合同应当具备的条件有（   ）。

    A. 具有独立承担民事责任的能力

    B. 具有良好商业信誉和健全的财务会计制度

    C. 有依法缴纳税收和社会保障资金的良好记录

    D. 参加政府采购活动前5年内，在经营活动中没有重

大违法记录

答案：ABC

12. 下列各项中，属于国库单一账户体系的有（　　）。

    A. 国库单一账户　　　　　B. 预算外资金专户

    C. 财政部门零余额账户　　D. 预算单位零余额账户

答案：ABCD

三、判断题（请判断每小题的表述是否正确，表述正确的，划"√"；表述错误的，划"×"）

1. 我国国家预算体系中不包括县市级以下的预算。　（　　）

答案：×

2. 各单位负责编制本单位预算、决算草案；按照国家规定上缴预算收入，安排预算支出，并接受国家有关部门的监督。

                                         （　　）

答案：√

3. 我国《预算法》规定预算年度自公历 1 月 1 日起至 12 月 31 日止。　　　　　　　　　　　　　　　　　（　　）

答案：√

4. 国务院财政部门编制中央决算草案，报国务院审定后，由国务院提请全国政协常委会审查和批准。　　　（　　）

答案：×

5. 政府采购，是指各级国家机关、事业单位和团体组织，使用财政性资金采购依法制定的集中采购目录以内的或者采购限额标准以上的货物、工程和服务的行为。　　　（　　）

答案：√

6. 凡采购未纳入集中采购目录的政府采购项目，既可以自行采购，也可以委托集中采购机构在委托的范围内代理采购。　（　　）

答案：√

7. 采用公开招标方式的费用占政府采购项目总价值的比例过大的，可以采用邀请招标方式采购。　　　　　　（　　）

答案：√

8. 设区的市、自治州以上人民政府根据本级政府采购项目组织集中采购的需要设立集中采购机构。集中采购机构是非营利事业法人，根据采购人的委托办理采购事宜。　　　　（　　）

答案：√

9. 国库集中收付制度是指由财政部门代表政府设置国库单一账户，所有的财政性资金均纳入国库单一账户收缴、支付和管理的制度。　　　　　　　　　　　　　　　　（　　）

答案：×

10. "财政部门零余额账户"可以用于进行财政授权支付。

（　　）

答案：×

11. 财政直接支付是指财政部门向中国人民银行和代理银行签发支付指令，代理银行根据支付指令通过国库单一账户体系将资金直接支付到收款人或用款单位账户。　　　　（　　）

答案：√

第五章 会计职业道德

第一节 会计职业道德概述

一、职业道德的特征与作用

(一) 职业道德的概念

职业道德的概念有广义和狭义之分。广义的职业道德是指从业人员在职业活动中应该遵循的行为准则，涵盖了从业人员与服务对象、职业与职工、职业与职业之间的关系。狭义的职业道德是指在一定职业活动中应遵循的、体现一定职业特征的、调整一定职业关系的职业行为准则和规范。

不同的职业人员在特定的职业活动中形成了特殊的职业关系，包括了职业主体与职业服务对象之间的关系、职业团体之间的关系、同一职业团体内部人与人之间的关系，以及职业劳动者、职业团体与国家之间的关系。

为了协调这些复杂的、特殊的社会关系，除了需要政治的、行政的、法律的、经济的规范和手段之外，还需要一种适应经济生活特点的调节职业社会关系的规范和手段，由此形成了不同职业人员的道德规范，即职业道德。如医生的职业道德是救死扶伤、治病救人、实行人道主义；注册会计师的职业道德是独立、客观、公正。法官的职业道德是清正廉明、刚直不阿。这些职业道德规范用来指导和约束职业行为，以保证职业活动的正常进行。

（二）职业道德的特征

职业道德是道德在职业实践中的具体体现，除了具有道德的一般特征之外，还具有以下特征：

1. 职业性（行业性）

职业道德的内容与职业实践活动紧密相连，反映了特定职业活动对从业人员行为的道德要求。所以，职业道德的行业性很强，不具有全社会普遍的适用性。一定的职业道德只适用于一定的职业活动领域，有些具体的行业道德规范，只适用于本行业，其他行业不完全适用，或完全不适用。

2. 实践性

由于职业活动都是具体的实践活动，因此，根据职业实践经验概括出来的职业道德规范，具有较强的针对性、实践性，容易形成条文，便于采用行业公约、工作守则、行为须知、操作规程等规章制度的形式，来教育、约束本行业的从业人员。有些职业道德还被纳入法律规范，要求在职业活动中严格执行。为了便于检查和监督职业道德的遵守情况，职业道德通常要求公之于众。

3. 继承性

职业道德与职业活动紧密相连，同样一种职业的服务对象、服务手段、职业利益、职业责任和义务在不同的社会经济发展阶段保持相对稳定，但职业道德属于社会意识形态的一种特殊形式，它又将随着社会经济关系的变化而变化，其核心内容将被继承和发扬。

4. 多样性

社会上的职业复杂多样，职业道德与具体的职业相联系，因此有多少种职业就有多少种职业道德。

（三）职业道德的作用

1. 促进职业活动的有序进行

职业道德最主要的作用就是通过协调职业关系中的各种矛盾

和差异，维护正常的职业活动秩序，促进职业活动的健康发展。

2. 对社会道德风尚产生积极的影响

道德能够通过劝善戒恶，并辅之以舆论的赞扬或谴责等方式，来塑造高尚的道德良心和道德情感，职业道德作为社会道德的一个重要组成部分，能够对社会道德风尚产生积极的影响。

二、会计职业道德的概念与特征

（一）会计职业道德概念

会计职业道德是指在会计职业活动中应当遵循的、体现会计职业特征的、调整会计职业关系的职业行为准则和规范。

会计职业道德是调整会计职业活动中各种利益关系的手段，会计职业道德可以配合国家法律制度，调整职业关系中的经济利益关系，维护正常的经济秩序。会计工作的性质决定了在会计职业活动中要正确处理各种经济关系，如单位与国家、单位与单位、单位与投资者、单位与债权人、单位与职工、单位内部各部门之间及单位与社会公众之间的经济关系，这些经济关系的实质是经济利益关系。

（二）会计职业道德的特征

会计作为社会经济活动中的一种特殊职业，除具有职业道德的一般特征外，与其他职业道德相比还具有如下特征：

1. 较多关注公众利益

会计工作中，会计确认、计量、记录和报告程序、标准和方法的变化，都有可能影响相关利益主体的经济利益。当经济主体利益与国家利益和社会公众利益出现矛盾时，会计人员如果偏向经济主体，那么就会损害国家和社会公众的利益，将会引发会计职业道德危机。因此，会计职业活动与社会公众利益密切相关是会计职业的一个显著特征，会计职业的特殊性对会计职业道德提出了更高的要求，要求会计人员客观公正，当发生道德冲突时要坚持准则，把社会公众利益放在第一位。

2. 具有一定的强制性

道德一般不具有强制性，只是要求人们"应该这样做或者那样做"，而法律具有强制性，要求人们"必须这样做或者那样做"。但由于会计职业涉及众多利益相关者的利益，会计职业道德不同于一般的道德，许多内容都要求会计人员严格遵守。

三、会计职业道德的功能与作用

（一）会计职业道德的功能

会计职业道德的功能是指会计职业道德对会计职业发展所具有的功效与能力。

1. 指导功能

会计职业道德具有指导具体会计行为的功能。在经济生活中，会计职业道德扮演着指导人们会计行为方向的"向导"角色，指导会计人员自愿选择有利于消除各种矛盾、调整相互关系的会计行为，改善会计领域内个人与国家、个人与单位、个人与个人之间的关系，促使会计人员协调一致，保证会计工作正常、稳定、高效地进行。

2. 评价功能

会计职业道德具有通过评价方式来指导和纠正人们行为，协调人际关系、维护社会秩序的功能。会计职业道德能够通过"评价—命令"方式，激发会计人员的积极性和主动性，帮助会计人员提高认识本行业中一系列重大理论和实践问题的水平，促进会计人员自我肯定、自我发展、自我完善，推动会计人员的会计行为从"现有行为"向"应有行为"转化，及时有效调节会计关系。

3. 教化功能

会计职业道德通过评价、命令、指导、示范等方式和途径，运用塑造理想人格和典型榜样等手段，形成良好的会计职业道德风尚，树立会计职业道德榜样等方式，来深刻影响人们的会计职业道德观念和会计行为，培养人们的会计职业道德习惯和优良品质，启迪人们的会计职业道德觉悟，培养人们践行会计职业道德行为的自觉性和主动性。

（二）会计职业道德的作用

1. 会计职业道德是规范会计行为的基础

会计职业道德引导、规劝、约束会计人员树立正确的职业观念，遵循职业道德，规范会计行为。

2. 会计职业道德是实现会计目标的重要保证

会计人员只有严格遵守职业道德规范，才能及时提供相关的、可靠的会计信息，反映企业管理层受托责任履行情况，有助于财务会计报告使用者作出经济决策。因此，会计职业道德规范约束着会计人员的职业行为，是实现会计目标的重要保证。

3. 会计职业道德是对会计法律制度的重要补充

会计法律制度是会计职业的最低要求，只能对会计人员不得违法的行为作出规定，不宜对他们如何爱岗敬业、提高技能、强化服务等提出具体要求，但是，如果会计人员缺乏爱岗敬业的热情和态度，没有必需的职业技能和服务意识，则很难保证会计信息达到真实、完整的法定要求。因此，会计职业道德是对会计法律制度的重要补充，其作用是会计法律制度所不能替代的。

4. 会计职业道德是提高会计人员职业素养的内在要求

社会的进步和发展，对会计职业者的素质要求越来越高，会计职业道德是会计人员素质的重要体现。一个高素质的会计人员应当做到爱岗敬业、诚实守信，提高专业胜任能力，这不仅是会计职业道德的主要内容，也是会计职业者遵循会计职业道德的可靠保证。倡导会计职业道德，加强会计职业道德教育，并结合会计职业活动，引导会计职业者进一步加强自我修养，提高专业胜任能力，有利于促进会计职业者整体素质的不断提高。

四、会计职业道德与会计法律制度的关系

（一）会计职业道德与会计法律制度的联系

会计职业道德与会计法律制度有着共同的目标、相同的调整对象、承担着同样的责任，两者联系密切。主要表现在：

1. 两者在作用上相互补充、相互协调

会计法律制度强制规范了基本的会计行为，但有些无法或者不宜由会计法律制度进行规范的行为，可通过会计职业道德规范来实现，因此，在规范会计行为中，不能仅仅依赖会计法律制度的强制功能而忽视会计职业道德的教化功能。

2. 两者在内容上相互借鉴，相互吸收

最初的会计职业道德规范就是对会计职业行为约定俗成的基本要求，后来制定的会计法律制度吸收了这些基本要求，便形成了会计法律制度，会计法律制度中含有会计职业道德规范的内容，同时，会计职业道德规范中也包含会计法律制度的某些条款。

总之，会计职业道德与会计法律制度两者在实施过程中相互作用，会计职业道德是会计法律制度正常运行的社会和思想基础，会计法律制度是促进会计职业道德规范形成和遵守的重要保障。

（二）会计职业道德与会计法律制度的区别

1. 两者的性质不同

会计法律制度反映统治者的意志和愿望，具有很强的他律性，而会计职业道德并不都代表统治者的意志，很多是来自于职业习惯和约定俗成，具有很强的自律性。

2. 两者作用范围不同

会计法律制度侧重于规范会计人员的外在行为和结果的合法

化，具有较强的客观性。会计职业道德不仅要求调整会计人员的外在行为，还要调整会计人员内在的精神世界，会计法律制度的各种规定是会计职业关系得以维系的最基本条件，是对会计从业人员行为的最低限度的要求，用以维持现有的会计职业关系和正常的会计工作秩序。在会计工作中，有些不良的会计行为不仅违反了会计法律制度也违反了会计职业道德，有些不良会计行为虽然没有违反会计法律制度，但却违反了会计职业道德。

3. 两者表现形式不同

会计法律制度是通过一定的程序由国家立法部门或行政管理部门制定和颁布的，其表现形式是具体的、正式形成文字的成文条款。会计职业道德源自会计人员的职业实践、日积月累、约定俗成，其表现形式既有明确成文的规定，也有不成文的只存在于会计人员内心的意识和信念。

4. 实施保障机制不同

会计法律制度由国家强制力保障实施；会计职业道德既有国家法律的相应要求，又需要会计人员自觉地遵守。

5. 两者的评价标准不同

会计法律制度是以会计人员享有的权利和义务为标准来判定其行为是否违法；而会计职业道德则以善恶为标准来判定会计人员的行为是否违背道德规范。

第二节　会计职业道德规范的主要内容

一、爱岗敬业

（一）爱岗敬业的含义

爱岗敬业是指忠于职守的事业精神，这是会计职业道德的基础。"爱岗"要求会计人员热爱自己的本职工作，安心于本职岗位，稳定、持久地在会计天地中耕耘，恪尽职守地做好本职工作；"敬业"要求会计人员充分认识本职工作在社会经济活动中的地位和作用，认识本职工作的社会意义和道德价值，具有会计职业的荣誉感和自豪感，在职业活动中具有高度的劳动热情和创造性，以强烈的事业心、责任感，从事会计工作。

（二）爱岗敬业的基本要求

1. 正确认识会计职业，树立职业荣誉感

会计人员应当充分认识本职工作在社会经济活动中的地位和作用，认识本职工作的社会意义和道德价值，树立会计职业的荣誉感和自豪感，这是做到爱岗敬业的前提和基本要求。

2. 热爱会计工作，敬重会计职业

人们对本职工作的热爱，对岗位的敬重，是做好工作的基础。会计人员要树立"干一行爱一行"的思想，凭借对会计职业的浓厚兴趣，激发出一种敬业精神，在平凡的岗位上作出不平凡的业绩。

3. 安心工作，任劳任怨

会计人员选择了自己热爱的会计工作，就要安心于本职岗位，无怨无悔。

4. 严肃认真，一丝不苟

会计工作是一项严肃细致的工作，没有严肃认真的工作态度和一丝不苟的工作作风，就容易出现偏差。会计人员要为单位把好关、理好财，严肃认真对待每一项工作。

5. 忠于职守，尽职尽责

忠于职守，不仅要求会计人员认真执行岗位规范，而且要求在各种复杂的情况下，能够抵制诱惑，忠实地履行岗位职责。尽职尽责是会计人员对自己应承担的责任和义务所表现出的一种责任感和义务感，具体表现为社会或他人对会计人员规定的责任以及会计人员对社会或他人所负的道义责任。

二、诚实守信

（一）诚实守信的含义

诚实是指言行思想一致，不弄虚作假、不欺上瞒下，做老实人，说老实话，办老实事。守信就是遵守自己所作出的承诺，讲信用，重信用，信守诺言，保守秘密。诚实守信是做人的基本准则，也是会计职业道德的精髓。

中国现代会计学之父潘序伦先生认为，"诚信"是会计职业道德的重要内容。他终身倡导："信以立志，信以守身，信以处事，信以待人，毋忘'立信'，当必有成"。时任总理朱镕基同志在 2001 年视察北京国家会计学院时，为北京国家会计学院题词："诚信为本，操守为重，坚持准则，不做假账。"

（二）诚实守信的基本要求

1. 做老实人，说老实话，办老实事，不搞虚假

做老实人，要求会计人员言行一致，表里如一，光明正大。说老实话，要求会计人员说话诚实，是一说一，是二说二。办老实事，要求会计人员工作踏踏实实，不弄虚作假，不欺上瞒下。

2. 保密守信，不为利益所诱惑

保密守信要求会计人员在履行自己的职责时，应树立保密观念，做到保守商业秘密。对机密资料不外传、不泄密、守口如瓶。在市场经济中，秘密可以带来经济利益，但是会计人员应该不为利益所诱惑。除法律规定和单位领导人同意外，不能私自向外界提供或者泄露单位的会计信息。保密守信是会计人员必须履行的义务。

3. 执业谨慎，信誉至上

执业谨慎要求会计人员在工作中应保持谨慎态度，对客户和社会公众尽职尽责，形成"守信光荣，失信可耻"的风尚，以维护职业信誉。

三、廉洁自律

（一）廉洁自律的含义

廉洁就是不贪污钱财，不收受贿赂，保持清白。自律要求会计人员按照会计职业的道德规范和原则约束控制自己，养成"从必须遵守变成习惯于遵守"的品德。

（二）廉洁自律的基本要求

1. 树立正确的人生观和价值观

会计人员应当树立科学的人生观和价值观，自觉抵制享乐主义、个人主义、拜金主义等错误的思想，淡泊名利，洁己心正。

2. 公私分明，不贪不占

公私分明是指严格划分公与私的界线，公是公，私是私。如果公私分明，就能够廉洁奉公、一尘不染，做到"常在河边走，就是不湿鞋"。

不贪不占是指会计人员不贪图金钱和物质享受，不利用职务之便贪污受贿，做到"理万金分文不沾"。

3. 遵纪守法，一身正气

遵纪守法要求会计人员遵守纪律和法律，尤其要遵守职业纪律和与职业活动相关的法律法规。遵纪守法是每个公民应尽的义务，是建设中国特色社会主义和谐社会的基石。

四、客观公正

（一）客观公正的含义

客观是指按事物的本来面目去反映，不掺杂个人的主观意愿，也不为他人意见所左右。公正是平等、公平、正直，没有偏失。客观公正是会计职业道德所追求的理想目标。

对于会计职业而言，客观主要包括两层含义：一是真实性，即以实际发生的经济活动为依据，对会计事项进行确认、计量、记录和报告；二是可靠性，即会计核算要准确，记录要可靠，凭证要合法。

（二）客观公正的基本要求

1. 依法办事

依法办事是会计工作保持客观公正的前提，它要求依据法律、法规和制度的规定进行会计业务处理，并对复杂疑难的经济业务，作出客观的会计职业判断。

2. 实事求是

实事求是要求会计人员从实际对象出发，按照事物的实际情况办事，在需要进行职业判断时，应保持客观公正的态度，实事求是、不偏不倚。

3. 如实反映

如实反映要求会计人员客观反映事物的本来面貌，不夸大、不缩小、不隐瞒，如实反映和披露单位经济业务事项。

五、坚持准则

（一）坚持准则的含义

坚持准则是指会计人员在处理业务过程中，要严格按照会计法律制度办事，不为主观或他人意志所左右。"准则"是会计人员开展会计工作的外在标准和参照物，不仅包括会计准则，而且包括会计法律、法规、国家统一的会计准则制度以及与会计工作相关的法律制度。

（二）坚持准则的基本要求

1. 熟悉准则

熟悉准则是指会计人员不仅应当熟练掌握《会计法》和国家统一的会计准则制度，而且要清楚地知道与会计相关的法律制度，这是坚持准则、遵循准则的前提。只有熟悉准则，才能按准则办事，才能遵纪守法，才能保证会计信息的真实性、完整性。

2. 遵循准则

遵循准则即执行准则。会计人员在会计核算和监督时要自觉地严格遵守各项准则，将单位具体的经济业务事项与准则对照，先作出是否合法合理的判断，对不合法的经济业务不予处理。

3. 敢于同违法行为作斗争

会计人员应认真执行国家统一的会计准则制度，依法履行会计监督职责，发生道德冲突时，应坚持准则，对法律负责、对国家和社会公众负责，敢于同违反会计法律制度和财务制度的现象作斗争，确保会计信息的真实性、完整性。

六、提高技能

（一）提高技能的含义

提高技能是指会计人员通过学习、培训和实践等途径，持续提高会计职业技能，以达到和维持足够的专业胜任能力的活动。作为一名会计工作者必须不断地提高其职业技能，这既是会计人员的义务，也是在职业活动中做到客观公正、坚持准则的基础，是参与管理的前提。

（二）提高技能的基本要求

1. 具有不断提高会计专业技能的意识和愿望

随着市场经济的发展，全球经济一体化以及科学技术日新月异，会计在经济发展中的作用越来越重要，社会对会计的要求也越来越高，会计人才的竞争也日益激烈。会计人员要想生存与发展，就应不断学习、更新知识，掌握过硬的本领，才能在会计人才的竞争中立于不败之地。

2. 具有勤学苦练的精神和科学的学习方法

专业技能的提高和学习不可能是一劳永逸之事，必须持之以恒，不间断地学习、充实和提高。谦虚好学、刻苦钻研、锲而不舍，是练就高超的专业技能和过硬本领的唯一途径，也是衡量会计人员职业道德水准高低的重要标志之一。

七、参与管理

（一）参与管理的含义

参与管理是指间接参加管理活动，为管理者当参谋，为管理活动服务。参与管理要求会计人员积极主动地向单位领导反映本单位的财务、经营状况及存在的问题，主动提出合理化建议，积极地参与市场调研和预测，参与决策方案的制订和选择，参与决策的执行、检查和监督，为领导的经营管理和决策活动，当好助手和参谋。

（二）参与管理的基本要求

1. 努力钻研业务，熟悉财经法规和相关制度，提高业务技能，为参与管理打下坚实的基础

娴熟的业务、精湛的技能，是会计人员参与管理的前提。首先，要求会计人员要有扎实的基本功，掌握会计基本理论、基本方法和基本技能。做好会计各项基础性工作，保证会计信息真实、完整。其次，要充分利用掌握的大量会计信息，运用各种管理分析方法，对单位的经济管理进行分析、预测，找出经营管理中的问题，提出改进措施，真正起到当家理财的作用，成为领导的参谋助手。

2. 熟悉服务对象的经营活动和业务流程，使管理活动更具针对性和有效性

会计人员应当了解本单位的整体情况和行业发展前景，特别是要熟悉本单位的生产经营、业务流程和管理情况，主动提出合理化建议，协助领导决策，积极参与管理。

八、强化服务

（一）强化服务的含义

强化服务就是要求会计人员具有文明的服务态度、强烈的服

务意识和优良的服务质量。

（二）强化服务的基本要求

1. 强化服务意识

会计人员要树立强烈的服务意识、为管理者服务、为所有者服务、为人民服务。

2. 提高服务质量

强化服务的关键是提高服务质量。会计人员服务质量的表现有：是否真实记录单位的经济活动，向有关方面提供可靠的会计信息；是否主动地向单位领导反映经营活动情况及存在的问题，提出合理化建议，协助领导决策，参与经营管理活动。

第三节　会计职业道德教育

一、会计职业道德教育的含义

会计职业道德教育是指根据会计工作的特点，有目的、有组织、有计划地对会计人员施加系统的会计职业道德影响，促使会计人员形成会计职业道德品质，履行会计职业道德义务的活动。

会计职业道德教育是会计职业道德活动的一项重要内容，不仅高校等会计人才的培养单位、会计工作的管理部门、会计职业的自律组织、单位负责人都有教导和督促会计人员加强学习会计职业道德规范的责任，而且会计人员自身也有不断提高会计职业道德修养的义务，使外在的会计职业道德规范转化为会计人员内在的品质与行为。

二、会计职业道德教育的形式

（一）接受教育

接受教育是外在教育，是指通过接受学校或培训单位等对会计人员进行以职业责任、职业义务为核心内容的正面教导，来规范其职业行为，维护国家和社会公众利益的教育。

（二）自我修养

自我修养是内在教育，是指会计人员在会计职业活动中，按照会计职业道德的基本要求，在自身道德品质方面进行的自我教育、自我改造、自我锻炼、自我提高，从而达到一定的职业道德境界。

自我修养是把外在的职业道德的要求，逐步转变为会计人员内在的职业道德情感、职业道德意志和职业道德信念。

三、会计职业道德教育的内容

1. 会计职业道德观念教育

会计职业道德观念教育是指在社会上广泛宣传会计职业道德的基本常识，增强会计人员的职业义务感和职业荣誉感，培养良好的职业节操，形成"遵守会计职业道德光荣，违背会计职业道德可耻"的风尚。

会计职业义务感的教育，有助于广大会计人员系统掌握职业道德的内容、了解会计职业道德对会计信息质量、社会经济秩序的影响，提高会计人员对本职工作社会责任的认识，使会计人员具有强烈的职业道德义务感，能做到在没有社会舆论压力、没有他人监督的情况下，都能很好地履行自己应尽的职业道德义务。

会计职业荣誉感的教育，使会计人员充分认识到本职工作在社会经济活动中的重要社会地位和真正的职业价值，从而逐步形成对自己所从事职业的光荣感、自豪感、幸福感。

会计职业节操是指不畏压力，不为利诱，在任何时候、任何情况下都要诚信为本，坚持准则，廉洁自律，严格把关，尽职尽责，一尘不染。

2. 会计职业道德规范教育

会计职业道德规范教育就是指对会计人员开展以会计职业道德规范为内容的教育。会计职业道德规范的主要内容是爱岗敬业、诚实守信、廉洁自律、客观公正、坚持准则、提高技能、参与管理和强化服务等。这是会计职业道德教育的核心内容，涵盖的内容非常广泛，应贯穿于会计职业道德教育的始终。

3. 会计职业道德警示教育

会计职业道德警示教育就是指通过开展对违反会计职业道德行为和对违法会计行为典型案例的讨论和剖析，给会计人员以启发和警示，从而可以提高会计人员的法律意识和会计职业道德观念，提高会计人员辨别是非的能力。

4. 其他教育

与会计职业道德相关的其他教育主要有形势教育、品德教育、法制教育等。

形势教育的重点是贯彻"以德治国"重要思想和"诚信为本、操守为重、坚持准则、不做假账"的指示精神，进一步全面、系统地加强会计职业道德培训，提高广大会计人员政治水平和思想道德意识。

品德教育的重点是引导会计人员自觉用会计职业道德规范指导和约束自身行为，提高职业道德自律能力，最终形成良好的、稳定的道德品行。

法制教育的重点是引导会计人员熟悉并了解不同历史时期的会计法律法规，学会运用法律的手段处理会计事务。

四、会计职业道德教育的途径

（一）接受教育的途径

1. 岗前职业道德教育

岗前职业道德教育是指对将要从事会计职业的人员进行的道

德教育，包括会计专业学历教育及获取会计从业资格中的职业道德教育。教育的侧重点应放在职业观念、职业情感及职业规范等方面。

2. 岗位职业道德继续教育

岗位职业道德继续教育是对已进入会计职业的会计人员进行的继续教育。会计职业道德教育应贯穿于整个会计人员继续教育的始终。

会计人员继续教育中的会计职业道德教育目标是适应新的市场经济形势的发展变化，在不断更新、补充、拓展会计人员业务能力的同时，使其政治素质、职业道德水平不断提高。

（二）自我修养的途径

自我修养的途径主要是慎心，坚守心灵，不被诱惑，具体包括：

1. 慎独慎欲

会计职业道德修养的最高境界是做到"慎独"。即在一个人单独处事、无人监督的情况下，也能自觉地按照道德准则去办事。

慎欲是指用正当的手段获得物质利益。会计人员应当做到慎欲，把国家、社会公众和集体利益放在首位，在追求自身利益的时候，不损害国家和他人利益。

2. 慎省慎微

慎省是指认真自省，通过自我反思、自我解剖、自我总结，敢于做到是非观、价值观、知行观的自我斗争，不断地自我升华、自我超越，逐步树立起正确的道德观念，培养高尚的道德品质，提高自己的精神境界。

慎微是指在微处、小处自律，从微处、小处着眼，积小善成大德。

3. 自警自励

自警是指要随时警醒、告诫自己，警钟长鸣，防止各种不良思想对自己的侵袭。

自励是指要以崇高的会计职业道德理想、信念激励自己、教育自己。

第四节　会计职业道德建设组织与实施

一、财政部门的组织推动

各级财政部门应当负起组织和推动本地区会计职业道德建设的责任，把会计职业道德建设与会计法制建设紧密结合起来。

二、会计行业的自律

应充分发挥协会等会计职业组织的作用，改革和完善会计职业组织自律机制，有效发挥自律机制在会计职业道德建设中的促进作用。

三、企事业单位的内部监督

形成内部约束机制，防范舞弊和经营风险，支持并督促会计人员遵循会计职业道德，依法开展会计工作。

四、社会各界的监督与配合

加强会计职业道德建设，既是提高广大会计人员素质的一项基础性工作，又是一项复杂的社会系统工程。它不仅是某一个单位、某一个部门的任务，也是各地区、各部门、各单位的共同责任。广泛开展会计职业道德的宣传教育，加强舆论监督，在全社会会计人员中倡导诚信为荣、失信为耻的职业道德意识，引导会计人员加强职业修养。

第五节　会计职业道德的检查与奖惩

一、会计职业道德检查与奖惩的意义

开展会计职业道德检查与奖惩是道德规范付诸实施的必要方式，也是促使道德力量发挥作用的必要手段，具有重要的现实意义。

（一）促使会计人员遵守职业道德规范

奖惩机制利用人类趋利避害的特点，以利益的给予或剥夺为砝码，对会计人员起着引导或威慑的作用，会计行为主体不论出于何种动机，都必须遵循会计职业道德规范，否则将受到相应的惩罚或谴责。奖惩机制把会计职业道德要求与个人利益结合起来，体现了权利与义务统一的原则。

（二）裁决与教育作用

会计职业道德的检查与奖惩不仅对会计行为的对错作出裁决，而且鞭挞违反道德的行为，褒奖那些符合职业道德要求的行为，并使其发扬光大，蔚为风气，人之效尤，互相砥砺。因此，会计职业道德的检查与奖惩具有道德法庭的作用，而且具有教育作用，使广大会计人员生动而直接地感受到会计职业道德的价值。

（三）形成抑恶扬善的社会环境

会计职业道德是整个社会道德的一个组成部分，因此，会计职业道德的好坏，对社会道德环境的优劣会产生一定的影响；社会道德环境的好坏，同样也影响着会计的职业行为。

奖惩机制是抑恶扬善的重要手段。通过倡导、赞扬、鼓励自觉遵守会计职业道德规范的行为，贬抑、鞭挞、谴责查处会计造

假等不良行为，有助于人们分清是非，形成良好的社会风气，从而进一步促进会计职业道德的发展。

二、会计职业道德检查与奖惩机制

（一）财政部门的监督检查

各级财政部门应当履行组织和推动本地区会计职业道德建设的责任，利用行政管理上的优势，对会计职业道德情况实施必要的行政监管。主要措施有：

1. 执法检查与会计职业道德检查相结合

财政部门作为《中华人民共和国会计法》的执法主体，一方面督促各单位严格执行会计法律法规；另一方面也是对各单位会计人员执行会计职业道德情况的检查和检验。

2. 会计从业资格证书注册登记和年检与会计职业道德检查相结合

会计从业资格证书实行定期年检制度，年检时审查的内容包括持证人员遵守财经纪律、法规和会计职业纪律情况，依法履行会计职责情况。不符合有关规定的不予通过年检。

3. 会计专业技术资格考评、聘用与会计职业道德检查相结合

报考各级会计专业技术资格的会计人员，均要求"坚持原则，具备良好的职业道德品质"，会计专业技术资格考试管理机构在组织报名时，应对参加报名的会计人员职业道德情况进行检查。对有不遵循会计职业道德记录的，应取消其报名资格。

4. 与会计人员表彰奖励制度相结合

各级财政部门在表彰奖励会计人员时，不仅要考察工作业绩，还应考察会计职业道德遵守情况。

（二）会计行业组织的自律管理与约束

会计行业自律是会计职业组织对整个会计职业的会计行为进行自我约束、自我控制的过程。建立健全会计人员行业自律管理

制度，是政府对会计人员进行宏观管理的必要补充。

会计行业组织以行业诚信建设为主线，充分履行行业协会"服务、监督、管理、协调"的职责，发挥协会在行业自律管理和服务等方面的专业优势，通过对整个会计行业的会计行为进行自我约束、自我控制，有助于督促会计人员依法开展会计工作，树立良好的行业风气，促进行业的发展。

（三）激励机制的建立

对会计人员遵守职业道德情况进行考核和奖惩，建立和完善激励机制，对违反会计职业道德的行为进行惩戒，对自觉遵守会计职业道德的优秀会计工作者进行表彰。

课 后 习 题

一、单项选择题

1. 下列各项中，要求"做老实人，说老实话，办老实事"的会计职业道德规范是（　　）。

　　A. 参与管理　　　　　　B. 诚实守信
　　C. 爱岗敬业　　　　　　D. 提高技能

答案：B

2. 下列各项中，属于会计职业道德精髓所在的是（　　）。

　　A. 廉洁自律　　　　　　B. 诚实守信
　　C. 客观公正　　　　　　D. 坚持准则

答案：B

3. 下列各项中，既是会计职业道德的前提也是会计职业道德的内在要求的是（　　）。

　　A. 参与管理　　　　　　B. 强化服务
　　C. 提高技能　　　　　　D. 廉洁自律

答案：D

4. 下列各项中，既是会计人员的义务，也是在职业活动中做到客观公正、坚持准则的基础的会计职业道德规范是（　　）。

A. 提高技能　　　　　　B. 廉洁自律

C. 强化服务　　　　　　D. 客观公正

答案：A

5. 下列各会计法律规范中，规定对忠于职守，坚持原则，作出显著成绩的会计人员，给予精神的或者物质的奖励的是（　　）。

A.《会计法》

B.《注册会计师法》

C.《会计基础工作规范》

D.《会计从业资格管理办法》

答案：A

二、多项选择题

1. 下列各项中，属于职业道德特征的有（　　）。

A. 职业性　　B. 实践性　　C. 继承性　　D. 多样性

答案：ABCD

2. 下列关于会计职业道德的表述中，正确的有（　　）。

A. 会计职业道德具有相对稳定性和广泛的社会性

B. 会计职业道德具有一定的强制性和较多关注公众利益的特征

C. 会计职业道德是调整会计职业活动中各种利益关系的手段

D. 会计职业道德是指在会计职业活动中应当遵循的、体现会计职业特征的、调整会计职业关系的职业行为准则和规范

答案：ABCD

3. 下列各项中，属于会计职业道德主要作用的有（　　）。

　　A. 规范会计行为的基础

　　B. 实现会计目标的重要保证

　　C. 对会计法律制度的重要补充

　　D. 提高企业经济效益的重要保障

答案：ABC

4. 下列各项中，属于会计职业道德与会计法律制度的主要区别有（　　）。

　　A. 性质不同　　　　　　　　B. 作用范围不同

　　C. 表现形式不同　　　　　　D. 实施保障机制不同

答案：ABCD

5. 下列各项中，属于会计职业道德规范主要内容的有（　　）。

　　A. 自尊自爱　　　　　　　　B. 爱岗敬业

　　C. 诚实守信　　　　　　　　D. 强化服务

答案：BCD

6. 下列各项中，属于会计职业道德规范中爱岗敬业的基本要求有（　　）。

　　A. 安心工作，任劳任怨

　　B. 严肃认真，一丝不苟

　　C. 忠于职守，尽职尽责

　　D. 热爱会计工作，敬重会计职业

答案：ABCD

7. 下列各项中，属于会计职业道德规范中客观公正的基本要求有（　　）。

　　A. 端正态度　　　　　　　　B. 依法办事

　　C. 保持独立性　　　　　　　D. 实事求是，不偏不倚

答案：ABCD

8. 下列各项中，属于会计职业道德教育形式的有（　　）。

　　A. 接受教育　　　　　　　B. 自我教育

　　C. 参与教育　　　　　　　D. 提高强化

答案：AB

9. 下列各项中，属于会计职业道德教育内容的有（　　）。

　　A. 会计职业道德观念教育

　　B. 会计职业道德规范教育

　　C. 会计职业道德警示教育

　　D. 其他与会计职业道德相关的教育

答案：ABCD

10. 下列各项中，属于目前我国会计职业道德教育的主要途径有（　　）。

　　A. 通过财政部监督检查

　　B. 通过职业道德继续教育

　　C. 通过岗前职业道德教育

　　D. 通过会计人员的自我教育与约束

答案：BCD

11. 下列各项中，属于进行会计职业道德建设的主要措施有（　　）。

　　A. 会计行业的自律

　　B. 财政部门的组织推动

　　C. 企事业单位的内部监督

　　D. 社会各界的监督与配合

答案：ABCD

12. 下列各项中，属于会计职业道德检查与奖惩的主要意义有（　　）。

　　A. 具有裁决与教育作用

　　B. 具有保护会计人员的作用

　　C. 有利于形成抑恶扬善的社会环境

　　D. 具有促使会计人员遵守职业道德规范的作用

答案：ACD

13. 下列各项中，属于各级财政部门对会计职业道德情况实施必要行政监管的主要措施的有（　　　　）。

　　A. 执法检查与会计职业道德检查相结合

　　B. 注册会计师考评与会计职业道德检查相结合

　　C. 会计专业技术资格考评、聘用与会计职业道德检查相结合

　　D. 会计从业资格证书注册登记和年检与会计职业道德检查相结合

答案：ACD

三、判断题（请判断每小题的表述是否正确，表述正确的，划"√"；表述错误的，划"×"）

1. 职业道德是指在一定职业活动中应遵循的、体现一定职业特征的、调整一定职业关系的职业行为准则和规范。（　　）

答案：√

2. 职业道德的作用主要是促进职业活动的健康进行，对社会道德风尚会产生积极的影响。（　　）

答案：√

3. 会计作为经济活动中的一种职业，它所具有的特征与其他职业道德完全一致。（　　）

答案：×

4. 会计职业道德与会计法律制度一样，都是以国家强制力作为其实施的保障。（　　）

答案：×

5. 会计职业道德规范中的"坚持准则"就是要求会计人员

在处理业务过程中，严格按照会计准则办事。　　　　（　）

答案：×

6. 会计职业道德规范中的"参与管理"就是直接参加管理活动，为管理者当参谋，为管理活动服务。　　　　（　）

答案：×

7. 会计职业道德规范中的"强化服务"就是要求会计人员具有文明的服务态度、强烈的服务意识和优良的服务质量。

（　）

答案：√

8. 会计职业道德修养是指在社会实践中的自我锻炼。只有在社会实践中不断磨炼，才能不断提高会计职业道德修养。

（　）

答案：√

9. 会计职业道德检查与奖惩机制主要是指财政部门的监督检查。　　　　（　）

答案：×

10. 建立健全会计人员行业自律管理制度，是政府对会计人员进行宏观管理的必要补充。　　　　（　）

答案：√